新能源汽车技术专业
人才培养方案及教学实施细则

郑　毅　编著

西南交通大学出版社
·成　都·

图书在版编目（CIP）数据

新能源汽车技术专业人才培养方案及教学实施细则 / 郑毅编著. —成都：西南交通大学出版社，2020.10
ISBN 978-7-5643-7688-8

Ⅰ. ①新… Ⅱ. ①郑… Ⅲ. ①新能源 – 汽车工业 – 人才培养 – 研究 – 中国 Ⅳ. ①F426.471

中国版本图书馆 CIP 数据核字（2020）第 187894 号

Xin Nengyuan Qiche Jishu Zhuanye Rencai Peiyang Fang'an ji Jiaoxue Shishi Xize

新能源汽车技术专业人才培养方案及教学实施细则

郑 毅 **编著**

责任编辑 张少华
封面设计 何东琳设计工作室

出版发行 西南交通大学出版社
（四川省成都市金牛区二环路北一段 111 号
西南交通大学创新大厦 21 楼）
邮政编码 610031
发行部电话 028-87600564 028-87600533
网址 http://www.xnjdcbs.com
印刷 四川森林印务有限责任公司

成品尺寸 185 mm × 260 mm
印张 11.5
字数 260 千
版次 2020 年 10 月第 1 版
印次 2020 年 10 月第 1 次
定价 35.00 元
书号 ISBN 978-7-5643-7688-8

课件咨询电话：028-81435775

PERFACE 前言

截至 2019 年底，全国新能源汽车保有量达 381 万辆，占汽车总量的 1.460 9 %，与 2018 年底相比，增加 120 万辆，增长 46.05%。其中，纯电动汽车保有量 310 万辆，占新能源汽车总量的 81.19%。新能源汽车增量连续两年超过 100 万辆，呈快速增长趋势，到 2020 年年底，全国新能源汽车保有量有望突破 500 万辆。

新能源汽车产业链主要包括研发企业、生产制造企业与售后服务企业，井喷式的新能源汽车市场，必将爆发对新能源汽车技术人才大量的需求。

高等职业教育作为我国教育的一种类型，具有以下特点：

（1）以培养适应生产、建设、管理、服务一线的高素质技能型专门人才为根本任务。

（2）以社会需求为目标、岗位技术要求为主线设计学生的知识、能力、素质结构和培养方案。

（3）以培养学生的技术应用能力为核心构建课程和教学内容体系，基础理论教学以“必需、够用”为度，专业课针对性、实用性强，实践教学在教学计划中占有较大比例。

（4）以学生“双证书”为培养目标，以“双师型”师资队伍的建设为关键。

（5）产学结合、校企结合是培养高素质技能型专门人才的必由之路。

新能源汽车技术专业面向新能源汽车制造企业、售后服务企业生产一线，培养能适应新能源汽车装配、机电维修、钣金、销售、汽车保险和公估等岗位，具有工匠精神、创新精神的技术技能型人才。

为了满足新能源汽车技术人才的需求，教育部于 2012 年新增了新能源汽车技术专业，时至今日还不到 10 年的时间，与传统的汽车运用技术专业相比，人才培养方案及教学实施细则还不够成熟，有待研究。

本书基于 2015 年立项的工业和信息化部人才交流中心“新能源汽车领域专业群人才培养模式研究”课题编写而成（该课题已于 2017 年结题）。在该课题的完成过程中，做了大量的调研工作，对新能源汽车领域人才需求进行了深入细致的分析，最后形成的成果中包含有《新能源汽车技术专业人才培养方案及教学实施细则》。近几年，我校新能源汽车技术专业在使用该细则的过程中，根据市场对人才的要求，对部分课程、课程名称和授课学时进行了优化。

本书是一部关于新能源汽车技术专业人才培养方案及课程教学实施细则的读本。为加强新能源汽车技术专业职业教育的教学标准体系建设，保障职业教育教学质量，依据《普通高等学校高等职业教育（专科）专业目录》及专业现状，广州铁路职业技术学院机电工程学院在高职高专汽车类专业教学指导委员会的指导下，结合学院开设的新能源汽车技术专业实际教学需求编写了本书。本书内容在 1+x 职业教育模式下，力求优化专业课程体系、深化人才培养模式与教学改革，促进教学质量，全面对标新能源汽车行业对高素质技能人才的培养需求，可以为兄弟院校的专业建设和人才培养质量保障起到一定的指导作用。

本书包括三章：第一章是关于制订人才培养方案的原则意见，主要就修业年限、学分和学时安排、课程类别与学分结构、课程设置和毕业要求等给出了指导性意见。

第二章是专业人才培养方案，主要就人才培养目标、职业面向、人才培养规格、课程体系、考核与评价、毕业标准、专业基本条件、教学安排等进行了阐述。

第三章是专业主干课和专业选修课课程教学实施细则。该细则在课程设计思路的指导下，提出了课程的知识目标、能力目标和素质目标，拟定了课程的教学内容及学时安排、教学方法与手段、考核与评价和课程训练项目等。

在制订本方案和教学实施细则的过程中，作者得到了广州铁路职业技术学院和成都西南交通大学出版社的大力支持，在此一并感谢！

由于作者水平有限，书中可能存在不妥及疏漏之处，恳请读者批评指正。

作　者

2020 年 6 月

CONTENTS 目录

第一章

关于制订人才培养方案的原则意见

专业人才培养方案是落实党和国家关于技术技能人才培养总体要求，组织开展教学活动、安排教学任务的规范性文件，是实施专业人才培养和开展质量评价的基本依据。为贯彻《国务院关于印发国家职业教育改革实施方案的通知》（国发〔2019〕4号）文件精神，进一步深化教育教学改革，提高人才培养质量，根据《教育部关于职业院校专业人才培养方案制订与实施工作的指导意见》（教职成〔2019〕13号）、教育部职业教育与成人教育司《关于组织做好职业院校专业人才培养方案制订与实施工作的通知》（教职成司函〔2019〕61号）和《广东省教育厅关于做好职业院校人才培养方案制定与实施工作的通知》等文件要求，结合新能源汽车技术专业的特点，制订本专业人才培养方案应参考以下原则。

一、基本原则

（一）坚持“三全育人”与“五育并举”，促进学生全面发展

（1）以培养德、智、体、美、劳全面发展的中国特色社会主义合格建设者和可靠接班人为各专业人才培养的总目标，构建德、智、体、美、劳“五育并举”的人才培养体系，实施全员、全程、全方位育人，促进学生的全面发展与可持续发展。

（2）坚持育人导向，突出价值引领，实施课程思政，推进课程育人。课程承载思政、思政寓于课程。所有课程均应融入思政元素，结合专业培养目标与课程内容，将社会主义核心价值观、遵章守纪与敬业爱岗的职业精神、精益求精的工匠精神、传统优秀文化与做人修身之道等内容融入课程，修订课程标准，与思想政治理论课同向同行，形成协同育人效应。

（3）强化劳育、美育与体育育人功能，提升学生身心素质。开设公益劳动课，组织

学生参加公益劳动与志愿服务，参与校园卫生保洁和绿化美化，同时将劳动教育与专业课、创新创业、思想政治教育、社会实践、校园文化活动等相结合，教育引导学生崇尚劳动、尊重劳动，培养吃苦耐劳的良好品性；推行美育教育，面向全体学生开设公共艺术课程，保证每名学生至少选修 1～2 门艺术课程，选修美育不低于 2 学分，提高学生审美与人文素养；加强体育课教学，引导与促进学生加强体育锻炼，实现学生体质测试合格率 100%。

（二）对标高素质技术技能人才培养需求，优化专业课程体系

（1）把握好高职教育以培养高素质技术技能型人才为目标的定位。随着科学技术的发展与进步，重复性、精度高的技能会越来越趋向于自动化，培养人的重点不再是简单的操作技能，而是专业的综合能力，应着重培养学生的创新精神和实践能力，增强学生的职业适应能力和可持续发展能力。各专业要根据各自的职业面向与岗位能力要求，结合生源特点和未来职业发展需要，合理定位各专业人才培养目标。

（2）各专业应主动对接职业教育国家专业教学标准，构建专业人才培养知识、能力与素质的合理结构，细化与明确专业人才培养知识、能力与素质要求，并以此为依据优化专业课程体系，强化专业人才培养方案的科学性、适应性和可操作性。

（三）深化人才培养模式与教学改革，促进教学质量提高

（1）各专业（群）要结合“双高计划”建设任务与目标，根据生源多样化特点深化人才培养改革与内涵建设，开展多种形式的人才培养模式实践，探索具有专业（群）特色的人才培养模式，满足多样化人才培养需求。

（2）遵循职业教育“职业性”（培养从事某种社会职业的技术应用型人才）、“社会性”（培养的人才必须与社会发展相适应，需不断更新教学内容）和“实践性”（注重实践能力培养）的要求，开展模块化结构课程建设，实施项目化教学等，提升学生的专业能力与职业综合素质。

（3）坚持“五个对接”（专业与产业、职业岗位对接，专业课程内容与职业标准对接，教学过程与生产过程对接，学历证书与职业资格证书对接，职业教育与终身学习对接），深化校企合作，深化校企“双元”育人与产教融合人才培养改革。

（4）积极开展泛在学习、翻转课堂、混合式学习等教学改革。利用网络资源提高教学信息化水平，按照“碎片化资源、结构化课程、系统化设计”的原则，建设特色鲜明、高效实用的在线开放课程资源，推进线上线下混合教学。

（5）开展了 1＋x 证书制度试点的专业，应将职业技能等级标准有关内容及要求有机融入专业课程教学，优化专业人才培养方案。

二、修业年限

所有专业（另有注明的专业除外）实行弹性学制，全面实施学分制，修业年限为2～6年。

三、学分、学时安排

总学时控制在2 500～2 800，不得低于2 500学时，一般不超过2 700学时（或参照国家职业教育对应的专业教学标准确定总学时），总学分控制在135～140。其中，专业选修课学分不得低于15学分，任意选修课学分不得低于10学分。

所有专业的专业选修课设计2～3个课程模块，每个课程模块设置不少于4门课程。不同课程模块的课程原则上不宜重复，如确需重复，重复课程不应超过1门。

为保证学生开展课外活动和自主学习的时间，周学时安排应遵循均衡原则，统筹考虑必修课和选修课的学期分布，低年级周课时可略多一些，一年级每周平均宜控制在24～26学时，二、三年级每周平均宜控制在22～24学时以内，周学时统计不含任意选修课。

实践教学学时（含课程设计、社会实践等教学环节）一般为教学总学时的50%～55%。

四、课程类别与学分结构

（一）必修课

必修课93学分左右，占总学分的68.9%。必修课分为公共必修课和专业必修课。

1. 公共必修课

公共必修课包括"思想道德修养与法律基础（含廉洁修身）""毛泽东思想和中国特色社会主义理论体系概论""形势与政策""大学生心理健康教育""职业规划与就业指导""军事理论""军训""创新创业指导""体育与健康"和"公益劳动"等10门课程共26学分，占总学分的19.3%。

2. 专业必修课

专业必修课原则上为67学分左右，占总学分的49.6%。

（二）选修课

选修课43学分左右，占总学分的31.8%。选修课分为公共选修课和专业选修课。

1. 公共选修课

公共选修课 25 学分，包含“高职英语”“计算机应用基础”“马克思主义中国化进程与青年学生使命担当”“应用文写作”“美育与传统教育”“素质拓展”等 6 门限选课共 15 学分，任意选修课 10 学分。

2. 专业选修课

专业选修课原则上 15 学分左右。

五、课程设置

（一）公共基础课程设置

（1）“公益劳动”共 16 实践学时在课外安排，不占用课堂教学学时。

（2）“大学生心理健康教育”“创新创业指导”和“职业规划与就业指导”等 3 门课程的 16 个实践学时在课外安排，不占用课堂教学学时。

（3）“应用文写作”的 8 个实践学时在课外安排，不占用课堂教学学时。

（4）“体育与健康”包含体能测试 32 学时和运动会 12 学时，不占用课堂教学学时。

（5）“军事理论”实施线上线下相结合的混合式教学。

（6）“形势与政策”三年制专业在第一学期到第四学期开课，两年制专业在第一学期和第二学期开课，在开课的最后一个学期录入成绩。本课程 16 个实践学时在课外安排，不占用课堂教学学时。

（7）“素质拓展”包含春运社会实践、技能竞赛、志愿服务、创新创业、科技、文化、艺术等素质教育教学活动和社团活动等课程内容。本课程共 48 个实践学时在课外安排，不占用课堂教学学时。

（二）专业课程设置

（1）科学设置专业课程。专业群平台课是专业群内各专业的共享平台课，要体现群内各专业共同的专业基础理论和专业基础能力要求。专业（技能）课程设置要与专业培养目标和培养规格相适应，课程内容要紧密结合行业企业生产岗位需求，突出应用性和实践性，将职业道德、工匠精神、企业文化和专业特有素质要求等融入教学过程。

（2）按照相应职业岗位（群）的能力要求，确定 6 ~ 8 门专业核心课程，这类课程必须是“工学结合”“理实一体”。

（3）“毕业设计（论文）”，在第五学期至第六学期之间安排 4 周进行，原则上采取课堂集中组织实施的教学方式。

（4）根据《广东省教育厅关于深化高等学校创新创业教育改革的若干意见》的文件精神，构建依次递进、有机衔接的创新创业教育课程体系，将学生的创新意识培养和创新思维养成融入教育教学全过程，努力促进创新创业教育与专业教育的深度融合。学生可自主选修创新创业类通识课程（详见表 1-1），主要以线上教学为主、线下答疑和教师辅导相结合的形式实施。

表 1-1　创新创业教育课程安排一览

创新创业课程模块	课程名称	学期	学时	学分	备注
专业必修课	各专业在专业必修课中设置 1 门课程，3 学分，48 学时以上，将创新创业教育与专业教育相结合，主要讲授行业企业的新技术、新工艺、新产品和新设备等内容，将专业课程教学与企业产品设计、技术创新等相结合，聘请企业工程师或技术人员授课				
理工类专业创新创业课	机电产品创新设计	3	48	3	理工类专业可根据实际需要从该课程模块中选取 1～2 门课程作为专业选修课
	TRIZ 理论基础	4	48	3	
	创业法律实务	4	48	3	
	轨道交通技术创新指导	3	48	3	
	创新工程实践	5	48	3	
文科类专业创新创业课	TRIZ 理论基础	4	64	4	文科类专业可根据实际需要从该课程模块中选取 1～2 门课程作为专业选修课
	创新思维与方法	3	48	3	
	创业管理学	4	48	3	
	创业领导能力培养	3	48	3	
	创业模拟实训	5	56	2	
创新创业类通识课（任选课）	职场必备技能、营销技巧、轻松玩转路演、职业生涯规划、商务英语、商务礼仪、团队管理、组织管理初探、自我管理、办公室日常英语、职场行为及修养、领导力、MIT 创业 24 步、项目管理、金融投资、财务管理、职场心态、创业必备的法律常识、创新思维与创造力开发、创业基础与实务、互联网+	2～5	32	2	每门课程 2 学分，32 学时，要求所有专业学生根据自身发展需要进行选修

六、毕业要求

（一）进一步细化、明确学生毕业要求

各专业必须严把毕业出口关，确保学生毕业时完成规定的学时学分和教学环节。学生在修满本专业教学计划中规定的应修学分之后，还可以自主选修更多课程。毕业生的

体能测试成绩必须达到《国家学生体质健康标准（2014 年修订）》要求。测试成绩按毕业当年学年总分的 50%与其他学年总分平均得分的 50%之和进行评定，成绩未达 50 分者按结业或肄业处理。

（二）促进课证融通

各专业依据《国家职业资格目录》选择中级及以上相关国家职业资格证书、专项能力证书或行业、企业认可度高的有关职业技能等级证书，推荐给学生自主选择，并将职业技能等级证书培训内容及要求有机融入专业人才培养方案，优化课程设置与教学组织，推动职业技能等级证书与学历证书相互融通，鼓励学生获得多个证书，增强学生就业能力，拓宽学生的就业渠道。职业资格证书与职业技能等级证书不作为学生毕业的强制要求。

（三）提前毕业管理

提前修满规定学分并达到本专业毕业要求的学生，可以申请提前毕业，由学生所在二级学院进行毕业资格审查，符合毕业条件的学生，经学院批准后，学生可以提前毕业。

七、其　他

（一）学分计算

理论教学（含实验）16 学时计 1 学分；集中安排的实习、实训（实践）教学环节 1 周为 28 学时计 1 学分；理实一体且实践课时比例超过 40%的课程为 22 学时计 1 学分；毕业设计（论文）16 学时计 1 学分，毕业顶岗实习学时 22 计 1 学分。学分的最小计量单位为 0.5 学分，小数点后一位按“二舍八入三七作五”的方法取舍，要尽量减少 0.5 学分出现。特殊课程及其折算学分办法须经教务处审定。

（二）课程设置

课程分为纯理论课程、“理论+实践”课程和纯实践课程三种类型。在课程名称后面用“*”“**”标注分别表示企业兼职教师授课、校企共同授课，用“▲”标注专业核心课程。在“教学周学时数”栏中用★号标记整周实习、实训课，用☆标注整周实践活动的教学环节，实行教学做一体化改革的课程需在备注栏中标注。

（三）考核评价

每学期学校统一组织的考试课程为 1～3 门，在课程设置与学时安排表中，课程后面用“G”表示该门课程是过程性考核，用“J”表示该门课程是由学校组织集中考试。鼓励各专业积极改革课程考核方式与学生学业评价方式，增加非标准答案试题比例，加大过程考核、实践技能考核在课程总成绩中的比重，注重考查学生运用知识分析、解决问题的能力，促进结果考核向过程考核、知识考核向能力考核转变，进一步加强实习、实训、毕业设计（论文）等实践性教学环节的考核评价。

第二章

专业人才培养方案

一、专业名称和专业代码

专业名称：新能源汽车技术专业。

专业代码：560707。

二、学制与招生对象

学制：三年。

招生对象：全日制普通高中毕业生。

三、人才培养目标

本专业以市场为导向，主动适应地方区域经济发展需要，面向新能源汽车后市场生产一线，培养德、智、体、美、劳全面发展，熟练掌握新能源汽车检测与维修、新能源汽车销售、汽车保险和公估等理论知识和专业技能，能从事汽新能源汽车机电维修、钣金、销售、汽车保险和公估等岗位工作，具有工匠精神、创新精神的技术技能型人才。

四、职业面向

本专业毕业生主要面向新能源汽车 4S 店、新能源汽车维修厂、汽车保险与公估公司等就业单位，面向的主要职业岗位有：新能源汽车机电维修、新能源汽车钣金修复、新能源汽车销售、汽车保险与理赔和汽车公估，具体则表 2-1。

表 2-1　岗位素质及专业能力要求

编号	岗位名称	素质要求	专业能力要求
1	服务顾问	1. 正确的世界观、人生观、价值观； 2. 良好的职业道德和职业态度修养； 3. 良好的身体素质和心理素质	1. 能够根据新能源汽车的表征初步判定新能源汽车故障所在； 2. 能进行新能源汽车的维护与保养
2	保修专员	1. 正确的世界观、人生观、价值观； 2. 良好的职业道德和职业态度修养； 3. 良好的身体素质和心理素质	1. 能够根据新能源汽车的表征判定新能源汽车故障的原因； 2. 能利用保修条款对事故车进行是否保修的处理
3	机电维修技师	1. 正确的世界观、人生观、价值观； 2. 良好的职业道德和职业态度修养； 3. 良好的身体素质和心理素质	1. 能够利用检测仪器检测新能源汽车故障原因； 2. 能按照操作规程对事故车进行修复处理
4	钣金维修技师	1. 正确的世界观、人生观、价值观； 2. 良好的职业道德和职业态度修养； 3. 良好的身体素质和心理素质	1. 能根据钣金损伤情况正确选择修复方法； 2. 能及时高质量完成钣金件的修复
5	喷漆技师	1. 正确的世界观、人生观、价值观； 2. 良好的职业道德和职业态度修养； 3. 良好的身体素质和心理素质	1. 能按照车身状态调制合适的油漆； 2. 能按照正确的操作规程对损伤的漆面进行修复处理
6	美容技师	1. 正确的世界观、人生观、价值观； 2. 良好的职业道德和职业态度修养； 3. 良好的身体素质和心理素质	1. 能够根据客户的要求对车辆进行美容处理； 2. 能进行底盘装甲和外饰改装
7	销售助理	1. 正确的世界观、人生观、价值观； 2. 良好的职业道德和职业态度修养； 3. 良好的身体素质和心理素质	1. 能正确向客户介绍新能源汽车的性能； 2. 具备一定的协调组织能力
8	销售顾问	1. 正确的世界观、人生观、价值观； 2. 良好的职业道德和职业态度修养； 3. 良好的身体素质和心理素质	1. 能正确向客户介绍新能源汽车的性能； 2. 能根据客户的需求，推荐对应的新能源汽车
9	销售内勤	1. 正确的世界观、人生观、价值观； 2. 良好的职业道德和职业态度修养； 3. 良好的身体素质和心理素质	1. 能按照客户的要求做好上牌工作； 2. 了解各地上牌的政策
10	客户服务经理	1. 正确的世界观、人生观、价值观； 2. 良好的职业道德和职业态度修养； 3. 良好的身体素质和心理素质	1. 具备一定的市场开发能力； 2. 具备较强的新能源汽车故障诊断与排除能力
11	业务经理（业务主管）	1. 正确的世界观、人生观、价值观； 2. 良好的职业道德和职业态度修养； 3. 良好的身体素质和心理素质	1. 具有一定的市场开拓能力； 2. 具有一定的事故车检测诊断能力

续表

编号	岗位名称	素质要求	专业能力要求
12	车间主任	1. 正确的世界观、人生观、价值观； 2. 良好的职业道德和职业态度修养； 3. 良好的身体素质和心理素质	1. 能妥善安排好车间的工作； 2. 具备新能源汽车复杂故障诊断与排除能力
13	销售经理	1. 正确的世界观、人生观、价值观； 2. 良好的职业道德和职业态度修养； 3. 良好的身体素质和心理素质	1. 具备一定的市场开拓能力； 2. 了解国家的销售政策； 3. 具备相关的新能源汽车性能比较能力

五、人才培养规格

本专业培养的人才必须具有良好的综合素质，掌握新能源汽车的结构和工作原理，具备检测和排除新能源汽车故障的能力，具备新能源汽车后市场相关岗位需求的迁移能力。

（一）能力要求

（1）掌握新能源汽车故障检测与维修。

（2）掌握新能源汽车钣金的修复。

（3）掌握汽车保险与理赔。

（4）掌握新能源汽车整车及配件销售。

（5）掌握汽车事故的查勘与定损。

（6）掌握汽车后市场企业的管理。

（二）知识要求

（1）掌握新能源汽车零部件的结构与工作原理。

（2）熟悉汽车保险与理赔的法律法规。

（3）掌握汽车营销策划及销售政策。

（三）素质要求

（1）公共道德素养：树立正确的世界观、人生观、价值观；掌握马列主义、毛泽东思想、邓小平理论、“三个代表”重要思想、科学发展观、习近平新时代中国特色社会主义思想的基本观点和方法，树立社会主义信念和热爱祖国、振兴中华民族的使命感；养成诚实守信、团结合作、遵纪守法的优良品质，具有服务社会、乐于奉献的精神和勤奋朴实、谦虚严谨的作风。

（2）职业道德与态度素养：具有良好的职业道德和职业修养；具有从事职业活动所必需的基本能力以及管理和创新素质；具有较强的团结协作精神、敬业精神、创新精神和创业意识；有遵守行业规范的工作意识和行为意识。

（3）人文素养与科学素养：具有宽阔的视野，文理交融；具有一定的科学思维和科学精神；具备健康、高雅的审美情趣和正确的审美观点、较强的审美能力；个性鲜明、学有所长。

（4）身心素养：具有良好的身体素质和心理素质；具有健康的体魄、良好的心理素质和身心保健的知识与能力，良好的生活习惯、意志品质和较强的应变能力；具有一定的审美能力，心理健全，形成健全的人格和健康的个性。

六、课程体系

（一）课程体系设计思路

本专业课程体系采取“基于工作过程”的学习领域课程开发方法，按照“典型工作任务→行动领域→学习领域”的步骤，将典型工作任务组成的职业行动领域进行教学化处理，根据职业成长和认识递进规律进行重构，形成行动体系的学习领域课程，如图 2-1 所示。

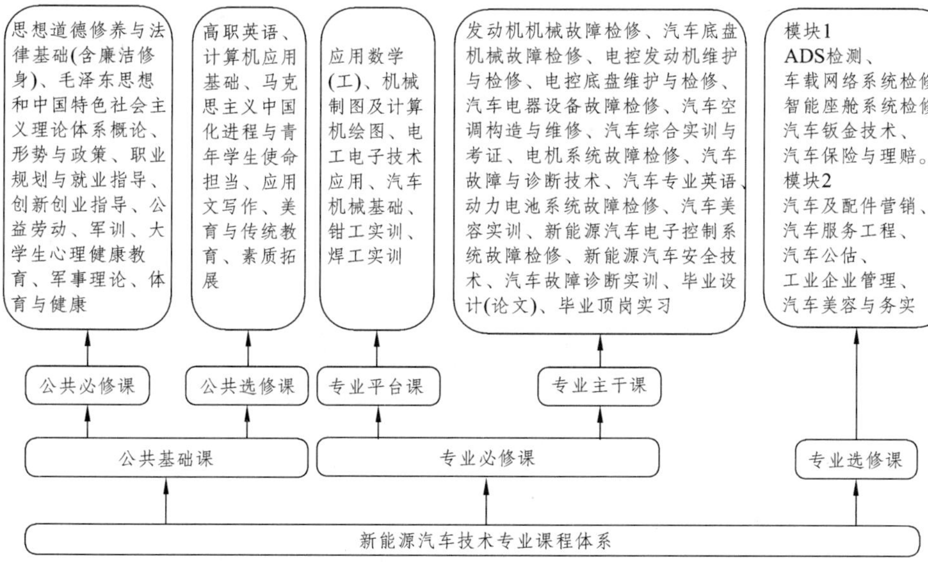

图 2-1　新能源汽车技术专业课程体系

（二）典型工作任务与职业能力分析

本专业对应的职业岗位典型工作任务及其对应的职业能力详见表 2-2。

表 2-2　新能源汽车技术专业详解

工作任务领域	典型工作任务	职业能力
新能源汽车故障与检修	1. 新能源汽车服务顾问	1-1 专业能力
		1-1-1 具有新能源汽车维护与保养的能力； 1-1-2 具有新能源汽车故障判断与处置能力； 1-1-3 具有检测新能源汽车性能的能力
		1-2 方法能力
		1-2-1 具备资讯、计划、决策、实施、检查、评价六步骤专业学习方法； 1-2-2 具有阅读专业相关资料，自主学习新工艺、新技术的能力，以及获取专业领域前沿信息和新知识的能力； 1-2-3 具有独立学习能力和决策能力
		1-3 社会能力
		1-3-1 具备良好职业道德和敬业精神； 1-3-2 具备人际交流能力和团队协作精神； 1-3-2 具有吃苦耐劳的精神
	2．新能源汽车机电维修	2-1 专业能力
		2-1-1 具有新能源汽车各系统拆装能力； 2-1-2 具有新能源汽车各系统故障检测能力； 2-1-3 具有新能源汽车各系统故障排除能力
		2-2 方法能力
		2-2-1 具备资讯、计划、决策、实施、检查、评价六步骤专业学习方法； 2-2-2 具有阅读专业相关资料，自主学习新工艺、新技术的能力，以及获取专业领域前沿信息和新知识的能力； 2-2-3 具有独立学习能力和决策能力
		2-3 社会能力
		2-3-1 具备良好职业道德和敬业精神； 2-3-2 具备人际交流能力和团队协作精神； 2-3-3 具有吃苦耐劳的精神
	3.汽车钣金修复	3-1 专业能力
		3-1-1 具有钣金件拆装能力； 3-1-2 具有钣金件修复能力； 3-1-3 具有钣金修复检测能力
		3-2 方法能力
		3-2-1 具备资讯、计划、决策、实施、检查、评价六步骤专业学习方法； 3-2-2 具有阅读专业相关资料，自主学习新工艺、新技术的能力，以及获取专业领域前沿信息和新知识的能力； 3-2-3 具有独立学习能力和决策能力

续表

工作任务领域	典型工作任务	职业能力
新能源汽车故障与检修	3.汽车钣金修复	3-3 社会能力
		3-3-1 具备良好职业道德和敬业精神； 3-3-2 具备人际交流能力和团队协作精神； 3-3-3 具有吃苦耐劳的精神
汽车销售	汽车销售	1-1 专业能力
		1-1-1 具有介绍汽车各部件功能的能力； 1-1-2 具有客户开发和跟踪的能力； 1-1-3 具有汽车销售的能力
		1-2 方法能力
		1-2-1 具备资讯、计划、决策、实施、检查、评价六步骤专业学习方法； 1-2-2 具有阅读专业相关资料，自主学习新工艺、新技术的能力，以及获取专业领域前沿信息和新知识的能力； 1-2-3 具有独立学习能力和决策能力
		1-3 社会能力
		1-3-1 具备良好职业道德和敬业精神； 1-3-2 具备人际交流能力和团队协作精神； 1-3-2 具有吃苦耐劳的精神
汽车保险	汽车保险	1-1 专业能力
		1-1-1 具有为客户提供保险咨询的能力； 1-1-2 具有客户开发和跟踪的能力； 1-1-3 具有解决保险投诉的能力
		1-2 方法能力
		1-2-1 具备资讯、计划、决策、实施、检查、评价六步骤专业学习方法； 1-2-2 具有阅读专业相关资料，自主学习新工艺、新技术的能力，以及获取专业领域前沿信息和新知识的能力； 1-2-3 具有独立学习能力和决策能力
		1-3 社会能力
		1-3-1 具备良好职业道德和敬业精神； 1-3-2 具备人际交流能力和团队协作精神； 1-3-2 具有吃苦耐劳的精神
汽车公估	汽车公估	1-1 专业能力
		1-1-1 具有事故车查勘的能力； 1-1-2 具有事故车定损的能力； 1-1-3 具有事故车理赔的能力

续表

<table>
<tr><th>工作任务领域</th><th>典型工作任务</th><th>职业能力</th></tr>
<tr><td rowspan="4">汽车公估</td><td rowspan="4">汽车公估</td><td>1-2 方法能力</td></tr>
<tr><td>1-2-1 具备资讯、计划、决策、实施、检查、评价六步骤专业学习方法；
1-2-2 具有阅读专业相关资料，自主学习新工艺、新技术的能力，以及获取专业领域前沿信息和新知识的能力；
1-2-3 具有独立学习能力和决策能力</td></tr>
<tr><td>1-3 社会能力</td></tr>
<tr><td>1-3-1 具备良好职业道德和敬业精神；
1-3-2 具备人际交流能力和团队协作精神；
1-3-2 具有吃苦耐劳的精神</td></tr>
</table>

（三）课程体系的构建

以专业课程为主翼，以公共基础课程和拓展课程为辅翼，构建本专业的课程体系，具体如图 2-1 所示。

（四）专业核心课程描述

1. 电控发动机维护与检修

（1）参考学分：3.0 分

（2）参考学时：66 学时

（3）课程学习目标。

能力目标：能熟练识别电控发动机各零部件和电路图；能熟练拆装电控发动机各部件及相关电路；会使用汽车专用万用表、综合测试仪、解码器等专用仪器设备；能进行电控发动机常见故障的诊断与排除；能初步进行电控发动机疑难故障的诊断与排除。

知识目标：能熟练掌握电控发动机故障产生的原因及诊断与检测的流程；能熟练掌握电控发动机维护、保养的流程；能掌握接车的流程。

素养目标：具有严谨认真、实事求是的科学态度；能自主学习新知识、新技能；具有高度的职业责任心和安全意识，遵章守纪、规范操作。

课程学习内容：电控发动机的认知；空气供给系统的检修；燃油喷射系统的检修；点火系统的检修；电控发动机排放系统检修；电控发动机常见故障检修。

课程教学方法：任务驱动、项目导向、案例分析的一体化教学。

2. 电控底盘维护与检修

（1）参考学分：3.0 分。

（2）参考学时：66 学时。

（3）课程学习目标。

能力目标：能熟练识别电控底盘各零部件和电路图；能熟练拆装电控底盘各部件及相关电路；会使用汽车专用万用表、综合测试仪、解码器等专用仪器设备；能进行电控底盘常见故障的诊断与排除；能初步进行电控底盘疑难故障的诊断与排除。

知识目标：能熟练掌握自动变速器常见故障产生的原因及诊断与检测的流程；能熟练掌握防抱死制动系统常见故障产生的原因及诊断与检测的流程；能掌握电控悬架常见故障产生的原因及诊断与检测的流程；能掌握电动防滑驱动系统常见故障产生的原因及诊断与检测的流程；能掌握电动助力转向系统常见故障产生的原因及诊断与检测的流程。

素养目标：具有严谨认真、实事求是的科学态度；能自主学习新知识、新技能；具有高度的职业责任心和安全意识，遵章守纪、规范操作。

课程学习内容：自动变速器常见故障检修；防抱死制动系统故障检修；电动防滑驱动系统常见故障检修；电控悬架系统常见故障检修；电控动力转向系统常见故障检修。

课程教学方法：任务驱动、项目导向、案例分析的一体化教学。

3. 汽车电器设备检修

（1）参考学分：3.0 分。

（2）参考学时：66 学时。

（3）课程学习目标。

能力目标：能熟练识别汽车电路图；能熟练拆装电器设备及相关电路；会使用汽车电器检测设备进行常见故障的诊断与排除。

知识目标：能熟练掌握汽车电器设备的结构和工作原理；能熟练掌握电器设备常见故障产生的原因及诊断与检测的流程。

素养目标：具有严谨认真、实事求是的科学态度；能自主学习新知识、新技能；具有高度的职业责任心和安全意识，遵章守纪、规范操作。

课程学习内容：汽车电气系统基础认知；蓄电池技术状况的检查与充电；交流发电机及其调节器的故障诊断与排除；起动系的故障诊断与排除；点火系统故障诊断与排除；照明与信号系统故障诊断与排除；汽车安全气囊系统故障诊断与排除；仪表与指示灯系统故障诊断与排除；辅助电器设备故障诊断与排除；汽车电路分析和连接更换。

课程教学方法：任务驱动、项目导向、案例分析的一体化教学。

4. 新能源汽车车用电动机系统故障检修

（1）参考学分：3 分。

（2）参考学时：66 学时。

（3）课程学习目标.

能力目标：能正确使用拆装与检测工具、能正确拆装车用电动机及控制系统总成及零部件、能正确检修新能源汽车车用电动机系统故障。

知识目标：能掌握直流电动机的结构与工作原理；能掌握纯交流电动及结构与工作原理；能掌握永磁电动机的结构与工作原理、开关磁阻电动机的结构与工作原理和车用电动机控制的组成及工作原理。

素养目标：具有严谨认真、实事求是的科学态度；具有团队精神和协作精神；具有良好的心理素质和克服困难的能力；具有高度的职业责任心和安全意识，遵章守纪、规范操作。

课程学习内容：直流电动机的结构与工作原理；纯交流电动及的结构与工作原理；永磁电动机的结构与工作原理；开关磁阻电动机的结构与工作原理；车用电动机控制的组成及工作原理；汽车车用电动机系统一般故障检修。

课程教学方法：任务驱动、项目导向、案例分析的一体化教学。

5. 新能源汽车故障与诊断技术

（1）参考学分：3 分。

（2）参考学时：66 学时。

（3）课程学习目标。

能力目标：能够正确使用各种诊断检测仪器和设备；能够根据故障现象分析故障原因；能熟练制订正确的诊断操作流程；能够通过仪器检测和数据分析，确定故障部位；能熟练完成故障排除的任务。

知识目标：能掌握新能源汽车发动机常见故障与诊断；能掌握纯电动汽车常见故障与诊断；能掌握汽车电路常见故障与诊断；能掌握车身常见故障与诊断；能掌握汽车综合故障诊断。

素养目标：具有严谨认真、实事求是的科学态度；能自主学习新知识、新技能；具有高度的职业责任心和安全意识，遵章守纪、规范操作。

课程学习内容：汽车诊断仪器的使用；发动机故障诊断；底盘的故障诊断；电路故障诊断；车身故障诊断；汽车综合故障诊断。

课程教学方法：任务驱动、项目导向、案例分析的一体化教学。

6. 动力电池系统故障检修

（1）参考学分：3.0 分。

（2）参考学时：66 学时。

（3）课程学习目标。

能力目标：能熟练维护动力电池系统、能正确使用常用工量具检测与维修动力电池系统；能正确使用检测仪器诊断和排除动力电池常见故障。

知识目标：能掌握动力电池系统的构造与工作原理；能掌握动力电池的性能指标、维修的基本方法；能动力电池系统常见故障的原因、特点及诊断分析方法。

素养目标：具有严谨认真、实事求是的科学态度；具有团队精神和协作精神；具有良好的心理素质和克服困难的能力；具有高度的职业责任心和安全意识，遵章守纪、规范操作。

课程学习内容：动力电池系统基本认识及检修安全注意事项；常用动力电池的原理及维护；电池系统框架；动力电池管理单元；动力电池常见故障检修。

课程教学方法：任务驱动、项目导向、案例分析的一体化教学。

7．新能源汽车电子控制系统故障检修

（1）参考学分：3 分。

（2）参考学时：66 学时。

（3）课程学习目标。

能力目标：能熟练识别新能源汽车电子控制系统各零部件和电路图；能熟练拆装新能源汽车电子控制系统各部件及相关电路；会使用汽车专用万用表、综合测试仪、解码器等专用仪器设备；能进行新能源汽车电子控制系统常见故障的诊断与排除；能初步进行新能源汽车电子控制系统疑难故障的诊断与排除。

知识目标：能熟练掌握新能源汽车电子控制系统故障产生的原因及诊断与检测的流程；能熟练掌握新能源汽车电子控制系统维护、保养的流程；掌握接车的流程。

素养目标：具有严谨认真、实事求是的科学态度；能自主学习新知识、新技能；具有高度的职业责任心和安全意识，遵章守纪、规范操作。

课程学习内容：动力传动装置控制系统的故障检修；底盘电子控制系统的故障检修；汽车信息电子控制系统故障检修；车辆综合控制系统检修。

课程教学方法：任务驱动、项目导向、案例分析的一体化教学。

七、考核与评价

（一）专业课程考核与评价

专业课程考核与评价体系见表 2-3。

（1）考核评价=过程评价 50% + 阶段评价 50%。

（2）过程评价：采用学生出勤，学生作业，课程综合考核相结合的方法。

（3）阶段评价=项目考核 + 期末考核。

表 2-3　专业课程考核与评价体系

评价方式	评定项目	分数分配
平时考核	学生出勤 5%、学生作业 5%、课程综合考核 20%	10%
阶段性项目考核	评价学生对项目的掌握情况。每个子项目为一个评价的阶段，每个项目完成一套项目考核表	40%
期末考核	操作技能与知识考核相结合	50%
合　计		100%

（二）顶岗实习考核与评价

1. 考核评价主要指标

（1）信息沟通。

① 在到达实习岗位后 15 天内必须提交顶岗实习信息，实习单位变更后必须及时更改信息。

② 通过电子邮件、书信、电话、QQ 等形式与学院顶岗实习专干或毕业论文（设计）指导教师沟通交流每月不少于 1 次。

（2）实习时间。

根据专业对口实习时间、顶岗实习单位连续实习时间和转岗次数给出实习学生该项目成绩。

2. 实习作业

按要求认真撰写实习周志、月度实习总结和实习总结、毕业论文（设计）并到实习单位相关部门签署好意见和评语。

3. 实习评测

根据校内指导老师、企业指导老师或师傅的专业技能评价、用人单位综合评价等给出实习学生该项目成绩。

八、毕业标准

（一）学分要求

本专业按学年学分制安排课程，学生毕业总学分不得低于 137。必修课要求修满 97 学分，占总学分的 70.8%；选修课要求修满 40 学分，占总学分的 29.2%。

（二）计算机和外语应用能力要求（见表 2-4）

表 2-4　计算机和外语应用能力要求

序号	证书名称	等级	颁证机构	要求
1	高等学校英语应用能力（A/B 级）证书	B 级（或以上）	高等学校英语应用能力考试委员会	选考
2	计算机应用能力证书	一级（或以上）	××省普通高校计算机应用水平考试委员会	选考

（三）职业资格证书要求（见表 2-5）

表 2-5　职业资格证书要求

序号	职业资格证书名称	等级	颁证机构	要求
1	新能源汽车维修电工	中级	××省职业技能鉴定中心	选考
2	汽车维修工	高级	××省职业技能鉴定中心	选考
3	“智能网联汽车检测与运维”1+x 证书	中级	教育部	选考

九、实施保障

（一）师资队伍

1. 师资队伍结构

专业教学团队应由专业带头人、专任教师和来自行业企业一线的兼职教师组成。

专业带头人一般应由来自校内和企业的两名高水平的带头人组成。专任教师应包括 2～3 名骨干教师。

2. 专任教师

专任教师应具有汽车相关专业本科以上学历、汽车维修高级工以上职业资格，具有 1 年以上行业企业工作经历；骨干教师应具有中级以上职称，具有较丰富的专业知识和实践经验，具有课程开发的能力。

3. 专业带头人

除具有专任教师的基本条件外，专业带头人应具有汽车相关专业本科以上学历、高级职称、汽车维修技师以上职业资格；具有 3 年以上行业企业工作经历，在相关行业企业具有较大的影响力，能把握行业发展动态；能统筹规划和组织专业建设；引领专业发展；能够主持本专业的教科研及技术服务工作。

4. 兼职教师

兼职教师应具有汽车相关专业专科以上学历、汽车维修技师以上职业资格，具有 5 年以上行业企业工作经历；企业骨干教师应具有中级以上职称，具有较丰富的专业知识和实践经验。

（二）教学设施

1. 校内实训基地（中心、实训室）配置（见表 2-6）

表 2-6　校内实训基础（中心、实训室）配置

序号	实训室名称	工位数量	实训项目	设备配置	对应的课程
1	汽车发动机实训室	50	1. 发动机拆装； 2. 发动机故障检修	汽车发动机台架	1. 汽车发动机故障检修； 2. 汽车故障与诊断技术
2	汽车底盘实训室	50	1. 汽车底盘拆装； 2. 汽车底盘故障检修	汽车底盘台架	1. 汽车底盘故障检修； 2. 汽车故障与诊断技术
3	汽车电器实训室	50	1. 汽车电器拆装； 2. 汽车电器故障检修	汽车电器台架	1. 汽车电器结构与检修； 2. 汽车故障与诊断技术
4	新能源汽车实训室	20	1. 新能源汽车拆装； 2. 新能源汽车故障检修	新能源汽车台架	1. 新能源汽车电机系统故障检修； 2. 动力电池系统故障检修； 3. 新能源汽车辅助系统故障检修

2. 校外实训基地（大学生校外实践教学基地等）配置（见表 2-7）

表 2-7　校外实训基地配置

序号	校外实训基地名称 （大学生校外实践教学基地名称）	实训基地功能	接纳学生人数	备注
1	沙河丰田 4S 店	汽车检修、汽车销售	15	
2	广汽丰田店	汽车检修、汽车销售	15	
3	东风日产 4S 店	汽车检修、汽车销售	15	
4	大众 4S 店	汽车检修、汽车销售	15	
5	别克 4S 店	汽车检修、汽车销售	15	

续表

序号	校外实训基地名称 （大学生校外实践教学基地名称）	实训基地功能	接纳学生人数	备注
6	比亚迪 4S 店	汽车检修、汽车销售	15	
7	北汽新能源 4S 店	汽车检修、汽车销售	15	
8	现代 4S 店	汽车检修、汽车销售	15	
9	阳光保险公司	汽车保险与公估	10	
10	民太安保险公司	汽车保险与公估	10	
11	天信公估公司	汽车保险与公估	10	

十、教学安排

（一）专业课教学周历（见表 2-8）

表 2-8　专业课教学周历

学期	内　容							
	入学教育	军训	理论教学+实践教学	顶岗实习	考试周	机动周	总周数	寒暑假期
一	1	1	15		1		18	6
二			19		1		20	6
三			19		1		20	6
四			19		1		20	6
五			19		1		20	6
六				17		1	18	8
合计							116	38

（二）创新创业教育教学安排

根据《广东省教育厅关于深化高等学校创新创业教育改革的若干意见》、教育部《高等职业教育创新发展行动计划（2015—2018 年）》，构建依次递进、有机衔接的创新创业教育课程体系，将学生的创新意识培养和创新思维养成融入教育教学全过程。具体安排见表 2-9。

表 2-9　创新创业教育教学安排

<table>
<tr><th>创新创业课程模块</th><th>课　程</th><th>学期</th><th>学时</th><th>学分</th><th>备　注</th></tr>
<tr><td rowspan="2">公共基础课</td><td rowspan="2">职业指导与创新创业基础</td><td>1</td><td rowspan="2">16</td><td rowspan="2">1</td><td rowspan="2">“职业指导与创新创业基础”2 学分（32 学时），其中，职业指导相关教学内容 1 个学分（16 学时），与创新创业有关的内容 1 个学分（16 学时）</td></tr>
<tr><td>3</td></tr>
<tr><td>公共拓展课</td><td>创新创业公共选修课</td><td>2～5</td><td>16～48</td><td>1～3</td><td>面向学生开设线上和线下的创新创业公共选修课，学生修读学分不少于 1 学分</td></tr>
<tr><td>专业核心课</td><td colspan="5">每门专业核心课程分配 4～8 学时，主要讲授行业企业的新技术、新工艺、新产品和新设备等内容，将专业课程教学与企业技术创新相结合，注重培养学生的创新思维与创新能力，聘请企业人员授课</td></tr>
<tr><td>专业拓展课</td><td colspan="5">鼓励各专业在模块中设置创新创业教育类课程，如“机械创新设计”“电子产品创新案例”等，侧重培养学生的专业创新意识与创业能力。有课程设计或毕业设计的专业，需融入专业性的创新创业设计；尚未有课程设计或毕业设计的专业，要求开设与专业相关的创新设计课程，学分不能少于 1 学分</td></tr>
<tr><td colspan="6">创新创业实践（第二课堂）</td></tr>
<tr><td colspan="6">各专业学生利用课余时间参加课题研究、项目实验、技术研发等活动，累积 4 周以上时间（累积 6 小时以上算作一天），折算为 3 学分；学生作为主要完成人参与完成创新实验、论文发表、专利获取等成果或主持创新创业项目，折算为 3 学分；由双师工作室负责人或项目指导老师负责安排具体活动内容、考核评价和累积学分，学生可以申请免修公共选修课程</td></tr>
</table>

（三）实践教学安排（见表 2-10）

表 2-10　实践数学安排

类别	实训课程名称	实训项目	实训地点名称 校内/校外	学时（周）数	完成学期	考核方式
基础能力训练	钳工实训	1. 孔加工与攻丝； 2. 锉配模块加工	实训中心（校内）	28/1 周	1	考查
	汽车专业认识实习	1. 参观汽车 4S 店； 2. 参观汽车维修厂； 3. 参观汽车制造厂	校外实训基地	28/1 周	1	考查
	焊工实训	1. 电焊的操作使用； 2. 气焊的操作使用	实训中心（校内）	28/1 周	2	考查
专项技能实训	汽车综合实训与考证	1. 汽车零部件的工作原理及拆装； 2. 汽车简单故障的检修	汽车实训室（校内）	84/3 周	4	以证代考
	汽车故障诊断实训	1. 发动机故障诊断； 2. 底盘故障诊断； 3. 电器故障诊断	汽车实训室（校内）	56/2 周	5	考查
	汽车维护保养实训	1. 汽车一级维修保养； 2. 2.汽车二级维护保养	汽车实训室（校内）	56/2 周	5	考查

续表

类别	实训课程名称	实训项目	实训地点名称 校内/校外	学时（周）数	完成学期	考核方式
综合能力训练	顶岗实习	1. 汽车维修岗位实习； 2. 汽车销售岗位实习； 3. 汽车保险公估岗位实习	校外实训基地	476/17 周	6	考查
	毕业作品	1. 汽车行业的发展概况； 2. 汽车常见故障的诊断与维修方法； 3. 汽车保险与公估操作流程及实务	校外实训基地			考查
能力拓展训练	暑假实践	1. 调研企业； 2. 撰写调研报告	校外	4 周	2，4	考查

（四）素养教育教学活动安排

思想道德修养与法律基础（含廉洁修身）、毛泽东思想和中国特色社会主义理论体系概论（含形势与政策）、大学生心理健康教育等公共课，通过讲座、辅导、社会实践等多种形式，由企业人员与校内教师共同实施。鼓励学生参加各类竞赛、技能考证或选修网络通识课程，课堂学习与课外实践相结合，使通识教育和素养教育渗透到人才培养全过程，为学生的职业生涯发展奠定基础，具体安排见表 2-11。

表 2-11　素养教育教学活动安排

类别	名称或主题	学期	学时	学分	说　明
思政课实践活动	“感悟生活”系列活动	1	8	1	结合大一学生特点所开设“思想道德修养与法律基础”的教学内容分两个学期开展相关活动
	大学生法律教育专题讲座	2	8		
	名人原著研读 国际国内形势专题讲座	3	8	1	结合大二学生特点所开设“毛泽东思想和中国特色社会主义理论体系概论”（含形势与政策）的教学内容分两个学期开展相关活动
	社会热点、难点案例讨论 社会调查（春运、三下乡等）	4	8		
心理健康教育	心理健康测评	1～2	6	1	结合“大学生心理健康教育”课内教学内容，以网络测评、专题讲座等形式开展第二课堂活动
	心理知识宣讲	1～2	6		
	团体辅导训练	1～2	8		
职业生涯发展教育	入学教育	1	4	1	结合“职业指导与创新创业基础”课内的职业指导教学内容，以讲座等形式开展第二课堂活动
	职业测评	1	2		
	模拟面试和就业指导	2～3	6		
	创业项目训练和创业实践	4～5	4		

续表

类别	名称或主题	学期	学时	学分	说　明
素质拓展	春运社会实践	1～6	16	1	在校期间应至少参加一次春运社会实践活动
	“三下乡”活动		8	0.5	积极参加每年暑期的“三下乡”活动，至少参加一次
	志愿服务		16	1	积极参加志愿服务工作，三年时间参与志愿服务时间在40小时以上
	参加学生社团		8	0.5	踊跃参加社团工作，在校期间至少是一个社团

选修模块		
各类竞赛	通识课程	通用技能认证
学生参加各类竞赛且获得一等奖的，可以免修全院任意选修课 2 学分，二、三等奖获得者可以免修全院任意选修课 1 学分	学生在网上选修通识课程，累计获得 4 学分，可以免修全院任意选修课 4 学分	学生参加培训并获得普通话、驾驶、写作等证书（非本专业规定的技能证书），可以免修全院任意选修课 2 学分

（五）专业教学进程（见表 2-12）

表 2-12　专业教学进程

学年	学期	教学周次																			
		1	2	3	4	5	6	7	8	9	10	11	12	13	14	15	16	17	18	19	20
第一学年	一			♂ ★	♂ ★	*	*	*	*	*	*	*	*	*	*	*	*	*	⊙ QG	⊙ QR	※
	二	●	●	●	●	●	●	●	●	●	●	●	●	●	●	●	●	●	●	⊙ HG	※
第二学年	三	●	●	●	●	●	●	●	●	●	●	●	●	●	●	●	●	●	●	●	※
	四	●	●	●	●	●	●	●	●	●	●	●	●	●	●	●	●	⊙ QK	⊙ QK	⊙ QK	※
第三学年	五	●	●	●	●	●	●	●	●	●	●	●	BL	BL	BL	BL	⊙ QZ	⊙ QZ	⊙ QB	⊙ QB	※
	六	△	△	△	△	△	△	△	△	△	△	△	△	△	△	△	△	♀			
实践教学环节说明	1. 入学教育、军训（含军事理论）共 2 周，一体化课程分前 9 周、后 9 周安排； 2. 实训、实习用实训、实习课程名称前两个字的拼音首字母大写进行标注，如 BD 表示毕业顶岗实习； 3. 符号说明：♂入学教育、★军训、*理论教学、●一体化课程、◇课程设计、⊙实践活动、♀ 毕业离校、※考试、QR 汽车专业认识实训、QG 钳工实训、HG 焊工实训、QK 汽车综合实训于考证、QZ 汽车故障诊断实训、QB 汽车维护与保养实训、BL 毕业设计（论文）																				

（六）课程设置与教学安排表和分类课程学时（学分）分配（见表 2-13）

表 2-13　课程设置与教学安排表

专业名称：　新能源汽车技术　　专业代码：　560707

课程类别	课程性质	序号	课程代码	课程名称	课程类型	学分	总学时	计划学时			教学周学时数						教学周数	考核方式	开课部门	备注
								理论学时	实践学时	集中实践(周)	一	二	三	四	五	六				
公共基础课	公共必修课	1	A001	思想道德修养与法律基础(含廉洁修身)	B	3	48	40	8		2	2					12/12	G/G	基础	
		2	A002	毛泽东思想和中国特色社会主义理论体系概论	B	4	66	56	10				3	3			10/12	G/G	概论	
		3	A003	形势与政策	B	2	32	16	16									G	形势与政策	实践学时在课外安排
		4	A004	职业规划与就业指导	B	2	32	16	16			2					8	G	就业指导	实践学时在课外安排
		5	A005	创新创业指导	B	2	32	16	16			2					8	G	创新创业学院	实践学时在课外安排
		6	A006	公益劳动	C	1	16		16		☆	☆						G	学生工作处	实践学时在课外安排
		7	A007	军训	C	2	56			2	☆						2	G	学生工作处	
		8	A008	大学生心理健康教育	B	2	32	16	16		2						8	G	心康	实践学时在课外安排
		9	A009	军事理论	A	2	32	32										G	军体	线上线下相结合混合式教学
		10	A010	体育与健康	B	6	108	10	54		2	2					15/17	G	军体	含体能测试32学时、运动会12学时
		公共必修课学分、学时和周学时小计				26	454	202	152	2	6	8	3	3						
	公共选修课	1	B001	高职英语	B	5	80	56	24		2	4					12/14	J/G	大英	
		2	B002	计算机应用基础	B	2	32	16	16		2						16	G	计算机	
		3	B003	马克思主义中国化进程与青年学生使命担当	A	1	20	20			2						10	G	基础	
		4	B004	应用文写作	B	2	32	24	8			2					12	G	美育	实践学时在课外安排
		5	B005	美育与传统教育	B	2	32	16	16		2						16	G	美育	
		6	B006	素质拓展	C	3	48		48							☆		G	学生处	实践学时在课外安排
		7	任选课（含中华传统文化等通识课）			10	160	80	80											
		公共选修课学分、学时和周学时小计				25	404	212	192		8	6								
专业群平台课	专业必修课	1	C001	应用数学（工）	A	4	64	64			4						16	J	数学	专业平台课或者专业选修课
		2	C002	机械制图及计算机绘图	B	4	64	48	16		4						16	G	机械	
		3	C003	电工电子技术及应用	B	4	64	52	12			4					16	J	电子	
		4	C004	汽车机械基础	B	4	64	56	8		4						16	J	机制	
		5	C005	钳工实训	C	1	28			1		★					1	G	实训中心	
		6	C006	焊工实训	C	1	28			1		★					1	G	实训中心	
专业主干课程		7	C007	发动机机械故障检修*	B	3	66	46	20			4					16	J	汽车	
		8	C008	汽车底盘机械故障检修*	B	3	66	40	26			4					16	G	汽车	
		9	C009	电控发动机维护与检修▲*	B	3	66	42	24				4				17	J	汽车	
		10	C010	电控底盘维护与检修▲*	B	3	66	42	24				4				18	G	汽车	

续表

专业名称：新能源汽车技术　　专业代码：560707

课程类别	课程性质	序号	课程代码	课程名称	课程类型	学分	总学时	计划学时			教学周学时数						教学周数	考核方式	开课部门	备注
								理论学时	实践学时	集中实践(周)	一	二	三	四	五	六				
专业主干课程	专业必修课	11	C011	汽车电器设备故障检修▲	B	3	66	46	20				4				17	J	汽车	
		12	C012	汽车空调构造与维修	B	3	66	42	24				4				17	G	汽车	
		13	C013	汽车综合实训与考证	C	2	56			2				★			2	G	汽车	
		14	C014	新能源汽车电机系统故障检修▲	B	3	66	46	20					4			17	J	汽车	
		15	C015	新能源汽车故障与诊断技术▲**	B	3	66	36	30					4			17	G	汽车	
		16	C016	汽车专业英语	B	2	32	28	4				2				16	G	汽车	
		17	C017	动力电池系统故障检修▲	B	3	66	40	26					4			17	J	汽车	
		18	C018	新能源汽车电子控制系统故障检修▲**	B	3	66	36	30					4				J		
		19	C019	新能源汽车安全技术	B	3	48	40	8					4			12	G	汽车	
		20	C020	汽车故障诊断实训**	B	2	56			2					★		2	G	汽车	
		21	C021	汽车美容实训**	B	2	56			2					★		2	G	汽车	
		22	C022	毕业设计（论文）	C	4	64			4					★		4	G	汽车	
		23	C023	毕业顶岗实习	C	8	352			16						★	16	G	汽车	
	专业必修课学分、学时和周学时小计					71	1636	704	292	28	12	12	18	16						
模块1	专业选修课	1	X001	ADS 检修	B	3	48	30	18						4		12	J	汽车	“智能网联汽车检测与运维”1+X证书课程
		2	X002	车载网络系统检修	B	3	48	28	20						4		12	J	汽车	
		3	X003	智能座舱系统检修	B	3	48	32	16						4		12	G	汽车	
		4	X004	汽车钣金技术	B	3	48	30	18						4		12	G	汽车	
		5	X005	汽车保险与理赔	B	3	48	30	18						4		12	G	汽车	
模块2		1	X006	汽车及配件营销	B	3.0	48	40	8						4		12	J	汽车	
		2	X007	汽车服务工程	B	3.0	48	28	20						4		12	G	汽车	
		3	X008	汽车公估	B	3.0	48	28	20						4		12	J	汽车	
		4	X009	工业企业管理	B	3.0	48	38	10						4		12	G	汽车	
		5	X010	汽车美容与实务	B	3.0	48	28	20						4		12	G	汽车	
专业选修课学分、学时和周学时小计						15	240	150	90						20					
总学分、总学时和周学时合计						137	2734	1268	726	30	26	26	21	19	20					

说明：标注“*”“**”的是企业兼职教师授课、校企共同授课课程，标注“▲”的是专业核心课程。A 为纯理论课程，B 为理论+实践课程，C 为纯实践课程。G 为过程考核，J 为集中考核。

（七）各类课程学时（学分）比例（见表 2-14）

表 2-14　各类课程学时(学分)比例

课程性质	课程类别	学时	比例	学分	比例	课程分类	学时	比例
必修	公共基础课	454	16.61%	26	18.98%	公共课	858	31.38%
	专业群平台课+专业技能课	1 636	59.84%	71	51.82%			
选修课	公共基础课	404	14.78%	25	18.25%	专业课	1 876	68.62%
	专业方向课	240	8.78%	15	10.95%			
合　计		2 734	100.00%	137	100.00%	课程类型		比例
理论实践教学比例	理论教学	1 268	46.38%	含所有类别课程的理论教学		纯理论课（A）		4.24%
	实践教学	1 466	53.62%	含所有类别课程的实践教学		“理论+实践”课（B）		72.06%
合　计		2 734	100.00%			纯实践课（C）		23.70%

第三章

课程教学实施细则

第一节 “应用数学（工）”课程教学实施细则

一、基本信息

<table>
<tr><td>课程代码</td><td colspan="2">课程名称</td><td>学 分</td><td>总学时</td><td>理论学时</td><td>实践学时</td></tr>
<tr><td>C001</td><td colspan="2">应用数学（工）</td><td>4</td><td>64</td><td>64</td><td></td></tr>
<tr><td colspan="2">课程类型</td><td colspan="3">课程性质</td><td>开课部门</td><td>开课学期</td></tr>
<tr><td colspan="2">纯理论课</td><td colspan="3">专业群平台课</td><td>基础部</td><td>1</td></tr>
<tr><td>前导课程</td><td colspan="2">高中数学</td><td colspan="2" rowspan="2">适合对象</td><td colspan="2" rowspan="2">新能源汽车技术专业</td></tr>
<tr><td>后续课程</td><td colspan="2">专业课程</td></tr>
</table>

二、课程设计思路

课程内容设置思路：基础模块+活动模块。

<table>
<tr><td>专业类别
（专业名称）</td><td>基础模块
（一元函数微积分）</td><td>活动模块</td></tr>
<tr><td rowspan="7">新能源汽车技术、汽车检测与维修技术专业</td><td>1. 函数</td><td>1. 常微分方程</td></tr>
<tr><td>2. 极限与连续</td><td>2. 线性代数</td></tr>
<tr><td>3. 导数与微分</td><td>3. 概率论初步</td></tr>
<tr><td>4. 一元函数微分学的应用</td><td></td></tr>
<tr><td>5. 不定积分</td><td></td></tr>
<tr><td>6. 定积分</td><td></td></tr>
<tr><td>7. 定积分的应用</td><td></td></tr>
</table>

三、课程目标

（一）能力目标

1. 总目标

培养学生三个方面的能力：一是用数学思想、概念、方法消化吸收工程概念和工程原理的能力；二是把实际问题转化为数学模型的能力；三是求解数学模型的能力。

2. 各章节的能力目标

（1）掌握 6 类基本初等函数的图像及性质，能求出初等函数和分段函数的定义域，能把复合函数分解成基本初等函数和简单函数的形式。

（2）能利用极限的四则运算法则、两个重要极限公式进行简单的极限计算；能灵活运用无穷小的性质和连续函数的性质求函数的极限；掌握函数间断点的判别方法。

（3）会求曲线在给定点处的切线方程和法线方程；了解函数的可导与连续的关系；能运用求导法则、微分法则和基本初等函数导数公式熟练地计算初等函数的导数与微分；了解微分在近似计算中的应用。

（4）能求初等函数的单调区间、极值与最值；能用二阶导数的符号判定曲线的凹凸性，会求曲线的拐点；能画出初等函数的图形并能解决一些较简单的实际问题。

（5）能用基本积分公式、积分的性质、第一类换元积分法（凑微分法）、第二类换元积分与分部积分法来计算不定积分。

（6）能运用牛顿-莱布尼兹公式、换元积分法和分部积分法来计算定积分。

（7）能利用定积分的微元法解决一些实际问题（如平面图形的面积，旋转体的体积、产品的最大利润、压力、变力做功等）。

（8）理解微分方程、微分方程的特解和通解的概念，能求解可分离变量微分方程的特解和通解；能求解一阶齐次、非齐次线性微分方程的特解和通解；能求解二阶常系数齐次、非齐次线性微分方程的特解和通解。

（二）知识目标

（1）基本初等函数的图像及其性质，分段函数，复合函数。

（2）数列和函数极限，一元函数的连续性。

（3）曲线在给定点处的切线方程与法线方程，可导与连续的关系；求导法则、微分法则和基本初等函数的导数公式、微分公式；一元函数微分形式不变性。

（4）一元函数的导数与微分，导数的应用（单调性与极值的判定，函数极值、最值的求法，曲线的凹凸性与拐点）。

（5）不定积分的概念、性质，第一类换元积分法（凑微分法）、分部积分法。

（6）定积分的概念、性质，定积分的基本公式（如牛顿-莱布尼兹公式、变上限的定积分公式），定积分的换元积分法和分部积分法。

（7）定积分的微元法，利用微元法解决一些几何、物理、经济等方面的问题。

（8）一阶、二阶（常系数）齐次、非齐次线性微分方程，微分方程的简单应用。

（三）素质目标

学生通过“应用数学（工）”课程的学习，可以进一步提高数学素养，提高分析问题和解决问题的能力，培养学生科学思维的方法、能力和辩证唯物主义思想，使学生具有以下素养：

（1）严谨认真、实事求是的科学态度。

（2）踏实肯干、一丝不苟的工作作风。

（3）刻苦钻研、吃苦耐劳的探索精神。

（4）相互沟通、协同作战的团队精神。

（5）勤于思考、善于归纳的良好习惯。

四、课程内容及学时安排

序号	工作任务	主要内容及要求	能力目标	学时
1	函数	1. 函数的定义域，基本初等函数的图形及其性质； 2. 反函数，分段函数； 3. 初等函数，复合函数	1. 掌握函数定义域的求法； 2. 熟悉 6 类基本初等函数的性质及图形； 3. 能把复合函数分解成基本初等函数或简单函数的形式； 4. 能作分段函数的图像	6
2	极限及连续	1. 数列和函数的极限（包括两个重要极限）； 2. 无穷小的性质； 3. 函数间断点的判别，连续函数性质的应用	1. 通过作出函数的图形或代数变形掌握数列极限、函数极限是否存在的判别方法； 2. 能利用两个重要极限的结论，学会通过代数变形或换元的方法求函数的极限； 3. 学会无穷小的性质的应用； 4. 能利用等价无穷小的代换定理求函数的极限； 5. 掌握函数间断点类型的判别方法及连续函数性质的应用	8

续表

序号	工作任务	主要内容及要求	能力目标	学时
3	导数与微分	1. 函数四则运算的求导法则、微分法则，基本初等函数导数公式； 2. 复合函数的求导法则，隐函数和参数方程所确定的函数导数求法； 3. 计算函数的一阶、二阶导数与函数的微分； 4. 微分的近似计算	1. 理解导数的概念及几何意义、理解高阶导数的概念与二阶导数的几何意义； 2. 会利用导数值替换斜率值求曲线的切线方程与法线方程； 3. 理解函数四则运算的求导法则、微分法则，巧记基本初等函数导数公式； 4. 会求复合函数的导数、隐函数的导数和参数方程所确定的函数导数； 5. 理解函数的微分概念、微分的几何意义、微分法则与一阶微分形式不变性，掌握微分的计算； 6. 了解微分的近似计算	8
4	导数的应用	1. 利用一阶导数符号判定函数的单调性，求函数极值、最值； 2. 用二阶导数符号判定曲线的凹凸性以及求曲线的拐点； 3. 解决一些较简单的实际问题	1. 了解拉格朗日中值定理及其应用； 2. 能利用一阶导数的符号判定函数的单调性，会求函数极值、最值； 3. 会用洛必达法则求不定式的极限； 4. 能利用二阶导数的符号判定曲线的凹凸性，并会求曲线的拐点； 5. 能利用导数的知识解决一些较简单的实际问题（函数图形描绘、经济应用等）	10
5	不定积分	1. 基本积分公式和不定积分的性质，用第一类换元积分法（凑微分法）计算不定积分； 2. 用第二类换元积分法计算不定积分； 3. 用分部积分法计算不定积分	1. 理解不定积分的概念； 2. 熟练掌握利用用第一类换元积分法（凑微分法）、分部积分法来计算不定积分，并重视一些积分技巧； 3. 会利用第二类换元积分法计算不定积分； 4. 了解“三角函数的换元积分法”	8
6	定积分	1. 定积分的基本公式（如牛顿-莱布尼兹公式、变上限的定积分公式）； 2. 定积分的换元积分法和分部积分法	1. 理解定积分的基本公式： （1）牛顿-莱布尼兹公式； （2）变上限的定积分公式； 2. 熟练掌握用定积分的换元积分法和分部积分法来计算定积分	6

续表

序号	工作任务	主要内容及要求	能力目标	学时
7	定积分的应用	利用定积分的微元法解决一些几何、物理、经济等方面的问题	理解定积分的微元法，能利用定积分的微元法解决一些几何、物理等方面的定积分计算问题	6
8	常微分方程	1. 可分离变量的微分方程的解法； 2. 一阶线性齐次、非齐次微分方程的解法 3. 二阶常系数齐次线性微分方程的通解、特解； 4. 二阶常系数非齐次线性微分方程的特解、通解	1. 能把微分方程化为可分离变量的微分方程，会求可分离变量微分方程的通解； 2. 会把一阶齐次、非齐次线性微分方程化为标准形式，并熟练掌握它们的解法； 3. 会求二阶常系数齐次、非齐次线性微分方程的特解和通解	8
9	总复习			2
10	机动			2
学时合计：64（课内64学时，其中理论64学时）				

五、教学资源与其他

序号	教学资源类别	教学资料基本信息
1	教学场所	多媒体教室
2	主要教材及参考书	1. 教材：《高等数学》，高等教育出版社。 2. 参考书：《高等数学》，高等教育出版社；《高等数学》（理工科用），机械工业出版社

六、教学方法与手段

（1）启发式和研讨式教学。

（2）加强引导发现法教学，讲练结合。

（3）在教学中充分运用“教师与学生互动”式的教学方法 。

（4）充分运用“讨论法”展开习题课的教学，培养锻炼学生的表达能力，激发学生学习热情。

（5）充分利用多媒体教学设备来提高教学效率、增大课堂信息量。

（6）结合专业特点，注重培养学生的动手能力、运算能力、逻辑思维能力、空间想象能力、数形结合能力、实际应用能力。

（7）多种教学方法和手段综合运用。

七、考核与评价

学期教学评价=过程评价 60%+阶段评价 40%。

过程评价：学生出勤、学生作业、课堂纪律、平时测验。

阶段评价：期末笔试。

评定项目	平时考核			期末考试	小计
	学生出勤	学生作业	平时测验		
分数分配	10%	30%	20%	40%	100%

八、编制说明

本实施细则适用于 64 课时的新能源汽车技术、汽车检测与维修技术等专业（工科）专业，各章、节的内容和授课时数可根据各专业实际情况适当增减。

第二节　“机械制图与CAD”课程教学实施细则

一、基本信息

<table>
<tr><td>课程代码</td><td>课程名称</td><td>学　分</td><td>总学时</td><td>理论学时</td><td>实践学时</td></tr>
<tr><td>C002</td><td>机械制图与CAD</td><td>4</td><td>64</td><td>48</td><td>16</td></tr>
<tr><td colspan="2">课程类型</td><td colspan="2">课程性质</td><td>开课部门</td><td>开课学期</td></tr>
<tr><td colspan="2">理论+实践课</td><td colspan="2">专业群平台课</td><td>机械教研室</td><td>1</td></tr>
<tr><td>前导课程</td><td colspan="2">高中数学</td><td rowspan="2">适合对象</td><td colspan="2" rowspan="2">新能源汽车技术专业</td></tr>
<tr><td>后续课程</td><td colspan="2">专业课程</td></tr>
</table>

二、课程设计思路

本课程设计以就业为导向，以机械零件模型，机械零件，构件，简单机械的拆、查、测、绘等基本技能工作任务为引领，以国家职业标准机械制图绘图员职业技能四级及广东省计算机辅助设计绘图员（机械类）中、高级为基本要求。其总体设计思路是课程内容要按培养机械识图、绘图人员的职业能力来阐述，将必需、够用的知识支撑点融入能力培养的过程中，注重实践性教学。本课程从高职学生基础能力出发，遵循机械制图专业理论的学习规律和技能的形成规律，按照由简到难的顺序，在任务引领下学习机械制图基本技能及相关的理论知识，讲练结合，真正实现理论实践一体化教学。

三、课程目标

（一）能力目标

（1）具有一定的空间想象能力和空间思维能力。

（2）具有基本的仪器绘图和徒手绘图能力。

（3）能看懂机械图样并能熟练使用 AutoCAD 软件绘制二维图形，进行三维造型并生成工程图。

（4）能读懂较难的装配图，并能用 AutoCAD 软件由装配图拆画零件图。

（5）具有一定的构拟机件机构的能力和自学能力。

（二）知识目标

（1）掌握现行工程制图国家标准的基本规定和相关行业标准。
（2）掌握正投影法的基本理论和作图方法。
（3）掌握组合体三视图的画法和读图方法。
（4）掌握工程制图中机件的表达方法。
（5）掌握标准件和常用件的画法及查表方法。
（6）掌握识读和绘制零件图的方法。
（7）掌握装配图的识读和绘制方法。
（8）掌握使用计算机绘图软件绘制工程图样和三维造型的方法。

（三）素质目标

（1）具有严谨认真、实事求是的科学态度，理论联系实际的工作作风和辩证思维能力。
（2）具有勤观察、勤思考、好动手的学习和工作习惯，并具有分析和解决实际问题的能力。
（3）具有认真负责的工作态度和严谨细致的工作作风，遵章守纪、规范操作。
（4）具有团队精神，善于合作，协同工作的素质和组织管理能力。
（5）具有积极进取精神、思想与技术创新意识。
（6）具有较强信息搜集能力、能够查找和遵守工程制图国家标准和相关行业标准。

四、课程内容及学时安排

序号	工作任务	主要内容及要求	学时
1	基本绘图工具的使用	1. 掌握有关国家标准和标准代号的含义； 2. 掌握图样中图幅、比例、字体、图线的有关规定； 3. 掌握机械图样中尺寸标注的有关规定	2
2	几何作图	1. 掌握圆的等分作图方法；圆弧连接的原理及画法； 2. 掌握斜度、锥度的定义、画法和标注	2
3	平面图形绘制	1. 掌握平面图形的尺寸及线段分析方法； 2. 掌握平面图形的画法	2
4	计算机绘图（二维）	1. 掌握计算机辅助设计绘图员考证中有关图层、线型、文字样式、尺寸标注样式等的设置； 2. 掌握样板文件的设置方法； 3. 基本掌握二维绘图命令和编辑命令的使用方法及技巧	8
5	零件三视图的绘制	1. 理解三面投影体系的形成； 2. 理解三视图投影关系； 3. 理解三视图之间的位置关系、尺寸关系和方位关系等	2

续表

序号	工作任务	主要内容及要求	学时
6	点线面的投影	1. 理解点、线、面的投影规律； 2. 掌握特殊直线和特殊平面的名称和投影图	2
7	基本体及其切割后三视图的绘制	1. 掌握基本平面立体和曲面立体的三视图及截交线的画法； 2. 掌握几何体轴测图的画法	2
8	组合体三视图的识读	掌握用形体分析法和线面分析法读组合体三视图的方法和步骤	2
9	各种视图画法	掌握基本视图、向视图、局部视图、斜视图的画法及适用场合	4
10	断面图、局部放大图及其他表达方法的画法	掌握断面图、局部放大图及其他表达方法的画法	4
11	机件表达方案的选择	1. 掌握国家标准中图样画法规定； 2. 掌握机件表达方案选择原则	4
12	螺纹的绘制	1. 理解螺纹的5大要素； 2. 掌握螺纹的规定画法； 3. 能读懂图样上的螺纹标记	4
13	齿轮的绘制	1. 掌握单个齿轮及齿轮啮合图的规定画法； 2. 了解齿轮各部分参数的名称； 3. 理解齿轮各部分参数的计算公式	4
14	键、销、弹簧、滚动轴承的绘制	1. 了解键、销、弹簧、滚动轴承的种类及作用，掌握其画法； 2. 掌握标记识读方法	6
15	零件图识读及绘制	1. 了解零件图的作用、内容等； 2. 理解零件图表达方案选择及5类零件表达方案的原则； 3. 理解零件尺寸标注方法； 4. 理解零件图的技术要求及其标注方法	8
16	装配图的识读与绘制	1. 了解装配图的作用及其内容； 2. 掌握装配图的规定画法和特殊画法； 3. 掌握装配图的尺寸标注，零件序号、明细栏、标题栏的填写方法	8

五、教材编写与选用建议

1. 教材编写

（1）打破传统学科体系教材模式，充分体现任务引领的特点，以实施细则为依据编写教材。

（2）以训练课题为基础进行教学设计，把握本课程的知识点、技能点，按照必须、够用的原则，循序渐进地组织教材内容。

（3）教材编写应考虑高职学生的认知能力，采用图文并茂的形式，便于学生学习和掌握。

2. 选用建议

建议选用金大鹰编著的《机械制图》，该教材是高等职业技术教育机电类专业规划教材。

六、教学资源与其他

序号	教学资源类别	教学资料基本信息
1	教学场所	1. 机房； 2. 多媒体教室
2	主要参考教材	《机械制图（机械类专业）》，机械工业出版社
3	相关网站	智慧职教、超星平台

七、教学方法与手段

1. 可选择该专业所接触到的零件图与装配图作为教学实例。
2. 在教学过程中应注重培养学生一丝不苟的职业素养。
3. 建议在教学中以直观教学为主，多用教具（模型、实物等）增加学生的直观感知，并配备必要的多媒体课件。每次课讲授完后，要留有适当的练习时间，使学生由直观感知上升为理论认知，从而培养学生的空间想象力，最终达到能看图的能力。

八、考核与评价

过程评价：学生出勤、平时作业、模型测绘。

阶段评价：期末考试。

评定项目	平时考核		期末考试	综合考核	小计
	学生出勤	学生作业			
分数分配	10%	30%	60%		100%

九、编制说明

（1）本实施细则由机械教研室教学团队合作撰写。

（2）在教学过程中，教师可以根据教学实施的实际情况，在保证教学效果的前提下，对课程内容以及学时分配进行适当的、灵活的调整。

第三节 “电工电子技术及应用”课程教学实施细则

一、基本信息

<table>
<tr><td>课程代码</td><td colspan="2">课程名称</td><td>学 分</td><td>总学时</td><td>理论学时</td><td>实践学时</td></tr>
<tr><td>C003</td><td colspan="2">电工电子技术及应用</td><td>4</td><td>64</td><td>52</td><td>12</td></tr>
<tr><td colspan="2">课程类型</td><td colspan="2">课程性质</td><td colspan="2">开课部门</td><td>开课学期</td></tr>
<tr><td colspan="2">理论+实践课</td><td colspan="2">专业群平台课</td><td colspan="2">机电教研室</td><td>2</td></tr>
<tr><td>前导课程</td><td colspan="2">高中物理</td><td rowspan="2">适合对象</td><td colspan="3" rowspan="2">新能源汽车技术专业</td></tr>
<tr><td>后续课程</td><td colspan="2">专业课程</td></tr>
</table>

二、课程设计思路

按照“以能力为本位，以职业实践为主线，以项目课程为主体”的要求，以工作任务为中心构建教学内容。

工作任务选取的基本依据是“电工电子技术及应用”课程涉及的工作领域和工作任务范围，在具体设计过程中，以电子元器件为载体，使工作任务具体化，产生具体的学习任务。

在课程的设计上，注重职业道德的培养和职业素养的养成，以真实的案例为基础，设计 5 个学习任务。

三、课程目标

（一）能力目标

（1）具有初步的电气识读及按电路原理图接线的能力。

（2）具有使用电工仪表测试直、交流电路各物理量的能力。

（3）具有电工操作的基本技能，安全用电。

（4）具有正确使用示波器、稳压电源、信号源和交流毫伏表调试和测量基本放大电路的能力。

（5）具有分析各类组合逻辑电路图的能力。

（6）具有分析、测试基本时序逻辑电路的能力。

（二）知识目标

（1）理解理想元件、电路模型、电压、电流参考方向的概念。

（2）掌握基尔霍夫电流、电压定律的内容及应用。

（3）掌握实际电压源、理想电压源、实际电流源、理想电流源的外特性及电压源、电流源的等效变换。

（4）掌握支路电流法、戴维南定理等分析电路的方法。

（5）掌握分析交流电路的工具——相量。

（6）掌握单一元件正弦交流电路的伏安关系电压与电流的关系及感抗、容抗、有功、无功功率的概念。

（7）掌握 *RLC* 串联电路的伏安关系及视在功率的关系，会用相量法分析正弦交流电路。

（8）理解功率因数的概念，掌握提高功率因数的方法。

（9）掌握三相电源 Y 和△连接时相电压与线电压的关系，掌握三相负载 Y、△连接时，相线电压及相线电流的关系，理解三相四线制电路中线的作用。

（10）理解变压器器的原理，掌握变压器的三变作用。

（11）掌握晶体二、三极管的特性、符号及主要技术参数。

（12）掌握共射放大电路静态和动态分析方法，掌握射极出器的特性及应用，掌握多级放大电路特性及应用。

（13）掌握直流稳压电路的组成、功能，掌握集成稳压电源的应用。

（三）素质目标

（1）具有高度的职业责任心和安全意识，遵章守纪、规范操作。

（2）具有团队精神，协同工作的素质和组织管理能力。

（3）具有信息、资料搜集与查找的能力。

（4）具有理论联系实际，分析和解决实际问题的能力。

四、课程内容及学时安排

<table>
<tr><th>序号</th><th>工作任务</th><th>学习内容及要求</th><th>学时</th></tr>
<tr><td rowspan="2">1</td><td rowspan="2">直流电路的分析与测试</td><td>学习内容：
1. 电路的组成及作用，电流、电压、电位及电功率的概念，电阻的连接；
2. 欧姆定律及基尔霍夫定律，实际电源模型及其等效变换；
3. 电路的基本分析方法，支路电流法、叠加定理、戴维南定理</td><td rowspan="2">20</td></tr>
<tr><td>具体要求：
1. 掌握电路的组成及作用；
2. 掌握欧姆定律及基尔霍夫定律；
3. 掌握电路的基本分析方法</td></tr>
<tr><td rowspan="2">2</td><td rowspan="2">交流电路的分析与测试</td><td>学习内容
1. 正弦交流电的基本概念，单一参数的正弦交流电路的电压、电流、功率计算；
2. RLC 串联、并联电路的电压、电流、功率与功率因数，典型正弦交流电路的分析计算；
3. 三相对称电源，三相四线制供电线电压与相电压的关系；
4. 三相负载连接，线电流与相电流关系，三相电路的求解及三相电路功率</td><td rowspan="2">18</td></tr>
<tr><td>具体要求：
1. 掌握正弦交流电电参数的计算；
2. 掌握 RLC 串并联电路的计算；
3. 掌握三相电路电参数的计算</td></tr>
<tr><td rowspan="2">3</td><td rowspan="2">变压器的原理及应用</td><td>学习内容：
1. 变压器的用途、结构和分类；
2. 变压器的三变作用</td><td rowspan="2">8</td></tr>
<tr><td>具体要求：
1. 掌握变压器的结构与工作原理；
2. 掌握变压器的应用</td></tr>
<tr><td rowspan="2">4</td><td rowspan="2">典型放大电路的分析与测试</td><td>学习内容：
1. 半导体基本知识，二极管和三极管；
2. 基本放大电路的组成与工作原理；
3. 放大电路的动、静态分析；
4. 射极输出器；
5. 多级放大电路</td><td rowspan="2">10</td></tr>
<tr><td>具体要求：
1. 掌握半导体元器件的工作特性；
2. 掌握放大电路的分析方法</td></tr>
<tr><td rowspan="2">5</td><td rowspan="2">直流稳压电源</td><td>学习内容：
1. 整流、滤波、稳压电路；
2. 集成稳压电源</td><td rowspan="2">8</td></tr>
<tr><td>具体要求：
1. 掌握整流原理及应用；
2. 掌握集成稳压电路的分析方法</td></tr>
</table>

五、教材编写与选用建议

教材选用应符合本实施细则的基本要求，优先选用省部级以上规划教材。

六、教学资源与其他

序号	教学资源类别	教学资料基本信息
1	教学场所	1. 多媒体教室； 2. 校内单片机实训室； 3. 校外计算机专业实训基地
2	主要参考教材	1. 主要教材：《电工电子技术》，机械工业出版社； 2. 参考教材：《实用电工电子技术基础》，中国铁道出版社；《电工电子技术》，北京师范大学出版社
3	数字化资源	智慧职教、超星平台等

七、教学方法与手段

（1）根据课程内容和学生特点，灵活运用案例分析、分组讨论、启发引导教学方法，引导学生积极思考、乐于实践，提高教学效果。

（2）注重学习对象与实际工作的一致性，有针对性地采用任务驱动等教学模式。

（3）在教学过程中，注意教学内容紧贴电工技术发展的最新成果，着眼学生职业生涯的发展，致力于培养学生对以后工作的兴趣，积极引导学生提升自身职业素养和职业道德水平。

八、考核与评价

（一）考核方式

（1）考核评价=过程评价 40% + 阶段评价 60%。

（2）过程评价：学生出勤、学生作业、平时测评相结合。

（3）阶段评价：期末笔试或省级以上竞赛获奖。

（二）考核评价表

评价方式	平时考核			期末考试					合计
	学生出勤	学生作业	实验	任务 1	任务 2	任务 3	任务 4	任务 5	
分数分配	10%	10%	20%	18%	18%	12%	6%	6%	100%

九、课程训练项目设计参考方案

编号	能力训练项目名称	能力训练任务名称	拟实现的能力目标	相关支撑知识	训练方式与建议学时
1	直流电路电参数的检测	电阻、电压、电流的测量	利用万用表测量直流电路的电参数	直流电路的欧姆定律	实训/2 学时
2	验证电路叠加原理	验证电路叠加原理	具备电路分析能力	电路叠加原理	实训/2 学时
3	交流电路的分析与测试	正弦交流电电参数的测量	具备测量正弦交流电电参数的能力	正弦交流电的工作原理	实训/2 学时
4	交流电路的分析与测试	*RLC* 电路测试	具备测试 *RLC* 电路的能力	*RLC* 电路的工作原理	实训/2 学时
5	交流电路的分析与测试	三相功率的测试	具备三相交流电功率测试的能力	三相交流电功率测试	实训/2 学时
6	放大电路测试	放大电路测试	具备放大电路测试能力	典型放大电路的分析与测试	实训/2 学时

十、编制说明

在教学过程中，教师可以根据教学实施的实际情况，在保证教学效果的前提下，对课程内容以及学时分配进行适当的、灵活的调整。

第四节 “汽车机械基础”课程教学实施细则

一、基本信息

<table>
<tr><td>课程代码</td><td>课程名称</td><td>学 分</td><td>总学时</td><td>理论学时</td><td>实践学时</td></tr>
<tr><td>C004</td><td>汽车机械基础</td><td>4</td><td>64</td><td>56</td><td>8</td></tr>
<tr><td colspan="2">课程类型</td><td colspan="2">课程性质</td><td>开课部门</td><td>开课学期</td></tr>
<tr><td colspan="2">理论+实践课</td><td colspan="2">专业群平台课</td><td>汽车教研室</td><td>1</td></tr>
<tr><td>前导课程</td><td>高中物理</td><td colspan="2" rowspan="2">适合对象</td><td colspan="2" rowspan="2">新能源汽车技术专业</td></tr>
<tr><td>后续课程</td><td>专业课程</td></tr>
</table>

二、课程设计思路

按照“以能力为本位，以职业实践为主线，以项目课程为主体”的要求，以工作任务为中心构建教学内容。

工作任务选取的基本依据是“汽车机械基础”课程涉及的工作领域和工作任务范围。在具体设计过程中，以发动机机械系统常见故障为载体，使工作任务具体化，产生具体的学习任务。

在课程的设计上，注重职业道德的培养和职业素养的养成。以真实的案例为基础，设计了汽车常用工程材料、汽车常用机构、汽车常用机械传动、汽车轴系、汽车常用连接及汽车液压传动等6个学习任务。

三、课程目标

（一）能力目标

（1）具有认识、装配常用机构及机械传动装置的能力。

（2）具有对汽车典型零件、常用件及标准件的名称、作用和标注的识读能力。

（3）具有读懂简单的液压系统图，判断简单液压系统常见故障的能力。

（二）知识目标

（1）正确描述机器、机构、构件、零件和部件、运动副、运动简图的概念。

（2）描述汽车典型零件的作用和使用要求。

（3）正确描述汽车典型液压、液力元件的工作原理、结构组成和汽车典型液压系统的工作原理。

（4）认识常用手工工具、测量。

（三）素质目标

（1）具有严谨认真、实事求是的科学态度。

（2）具有团队精神和协作精神，具有良好的心理素质和克服困难的能力。

（3）具有高度的职业责任心和安全意识，遵章守纪、规范操作。

四、课程内容及学时安排

<table>
<tr><th>序号</th><th>工作任务</th><th>学习内容及要求</th><th>学时</th></tr>
<tr><td rowspan="2">1</td><td rowspan="2">汽车常用工程材料</td><td>学习内容：
1. 汽车合金钢与非合金钢材料；
2. 汽车铸铁和非铁合金；
3. 汽车典型零件选材及热处理</td><td rowspan="2">4</td></tr>
<tr><td>具体要求：
能正确识读汽车常用材料的名称、牌号</td></tr>
<tr><td rowspan="2">2</td><td rowspan="2">汽车常用机构</td><td>学习内容：
1. 汽车常见四杆机构；
2. 汽车凸轮机构</td><td rowspan="2">12</td></tr>
<tr><td>具体要求：
1. 掌握汽车常见四杆机构的工作原理；
2. 掌握汽车凸轮机构的工作原理、凸轮机构从动件常用运动规律和运动特性。</td></tr>
<tr><td rowspan="2">3</td><td rowspan="2">汽车常用机械传动</td><td>学习内容：
1. 汽车带传动与链传动；
2. 蜗杆传动；
3. 汽车齿轮传动；
4. 汽车齿轮系与减速器</td><td rowspan="2">18</td></tr>
<tr><td>具体要求：
1. 掌握带传动、链传动的结构、特点及在汽车中的应用；
2. 掌握齿轮传动、蜗杆传动的类型和特点及应用；
3. 掌握轮系的概念、分类及功用；
4. 掌握定轴轮系传动比的计算方法</td></tr>
</table>

续表

序号	工作任务	学习内容及要求	学时
4	汽车轴系	学习内容： 1. 汽车轴； 2. 汽车滑动轴承； 3. 汽车滚动轴承	10
		具体要求： 1. 掌握轴的分类与应用、轴的材料选择，掌握轴上零件的定位方法和轴的结构设计； 2. 掌握滑动轴承工作原理、结构及轴瓦的材料； 3. 掌握滚动轴承的类型、润滑、密封、维护及滚动轴承的轴向固定方法，掌握滚动轴承的代号表示方法及会使用手册的查阅	
5	汽车常用连接	学习内容： 1. 键连接与销连接； 2. 螺纹连接； 3. 联轴器与离合器	12
		具体要求： 1. 掌握键连接、螺纹连接、销连接的特点及应用； 2. 掌握联轴器、离合器的作用、类型、结构原理及应用	
6	汽车液压传动	学习内容： 1. 汽车液压千斤顶的使用； 2. 汽车液压传动组成； 3. 液压传动主要元件	8
		具体要求： 1. 汽车中常见的液压元件的组成、分类、工作原理及常见的故障判断； 2. 会识读汽车典型的液压系统	

五、教材编写与选用建议

在编写教材时应充分考虑高职学生的特点，按任务或项目编写教材内容；教材选用应符合本实施细则的基本要求，优先选用省部级以上规划教材。

六、教学资源与其他

序号	教学资源类别	教学资料基本信息
1	教学场所	1. 多媒体教室； 2. 校内综合实训室
2	主要参考教材	《汽车机械基础》，清华大学出版社； 《汽车机械基础》，机械工业出版社
3	数字化资源	智慧职教、超星平台等

七、教学方法与手段

本门课程涉及的知识面广而杂，既有一定的理论知识又有很强的实践性。在课堂教学中尽量采用启发式教学方法，即通过学生观察实物模型和多媒体动画的演示自己找到答案，老师提出问题、引导和归纳总结。充分调动学生的学习积极性，尽量让学生多参与、多练习、多体验、多动手、多回答问题、多开展现场教学。在教学过程中尽量采用多媒体教学方法，通过实物、模型、示教板、挂图、多媒体动画、板书等手段，使教学立体化、流动化，使有限时间内的教学质量和效果达到最佳。

八、考核与评价

（一）考核方式

（1）考核评价=平时考核 10% +阶段评价 90%。

（2）平时考核：学生出勤，学生作业相结合。

（3）阶段评价 = 项目考核 + 期末考核。

评价方式	评定项目	分数分配
平时考核	学生出勤 5%，学生作业 5%	10%
阶段性项目考核	评价学生对项目的掌握情况。每个子项目为一个评价的阶段，每个项目完成一套项目考核表	30%
期末考核		60%
合　计		100%

（二）项目考核评价表

序号	工作任务	考核要求	评分标准	分数分配
1	汽车发动机曲柄连杆机构的观察与分析	学习态度好、回答问题正确、动手能力强、实训报告规范	满分 100 分	25%
2	汽车配气机构认知	学习态度好、回答问题正确、动手能力强、实训报告规范	满分 100 分	25%
3	渐开线齿轮几何参数测量	学习态度好、回答问题正确、动手能力强、实训报告规范	满分 100 分	25%
4	汽车手动变速的认识	学习态度好、回答问题正确、动手能力强、实训报告规范	满分 100 分	25%
5	合　计			100%

九、课程训练项目设计参考方案

编号	能力训练项目名称	能力训练任务名称	拟实现的能力目标	相关支撑知识	训练方式与建议
1	汽车常用机构	汽车发动机曲柄连杆机构的观察与分析	能正确认识四杆机构的组成	四杆机构	实训/2学时
		汽车发动机配气机构认知	能正确认识凸轮机构的组成	凸轮机构	实训/2学时
2	汽车常用机械传动	渐开线齿轮几何参数测量	能正确测量渐开线齿轮的几何参数	齿轮机构	实训/2学时
		汽车手动变速的认识	能正确认识定轴轮系的结构	齿轮机构	实训/2学时

十、编制说明

在教学过程中，教师可以根据教学实施的实际情况，在保证教学效果的前提下，对课程内容以及学时分配进行适当的、灵活的调整。

第五节　“钳工实训”课程教学实施细则

一、基本信息

<table>
<tr><td>课程代码</td><td colspan="2">课程名称</td><td>学　分</td><td>总学时</td><td>理论学时</td><td>实践学时</td></tr>
<tr><td>C005</td><td colspan="2">钳工实训</td><td>1</td><td>28</td><td></td><td>28</td></tr>
<tr><td colspan="2">课程类型</td><td colspan="3">课程性质</td><td>开课部门</td><td>开课学期</td></tr>
<tr><td colspan="2">实践课</td><td colspan="3">专业群平台课</td><td>实训中心</td><td>2</td></tr>
<tr><td>前导课程</td><td colspan="2">机械制图与 CAD、汽车机械基础</td><td colspan="2" rowspan="2">适合对象</td><td colspan="2" rowspan="2">新能源汽车技术专业</td></tr>
<tr><td>后续课程</td><td colspan="2">专业课程</td></tr>
</table>

二、课程设计思路

模拟实际生产现场，以实际操作为主线，要求学员熟练掌握钳工的操作要点，了解辅助机床设备的使用，根据实际应用串讲部分相关原理，让学生有一定专业自学能力。

三、课程目标

（一）能力目标

（1）能掌握钳工的基本操作。

（2）能熟练使用游标卡尺、千分尺、高度游标卡尺进行立体划线。

（3）具备一般零件的加工以及较复杂锉配件的加工能力。

（4）具有识读机械图的能力。

（5）能熟练使用钻床、砂轮机等常用机械设备。

（二）知识目标

（1）熟练掌握钳工工具名称、规格及选用和适用范围。

（2）熟练掌握钳工的基本操作技能，重点掌握锯、锉、錾以及划线方法。

（3）掌握精密量具的正确使用及保养。
（4）掌握锉配工艺，制作方法，间隙配合精密度要求。
（5）掌握基本的识图知识和工艺概念；
（6）掌握钻床结构及钻孔、绞孔和攻丝的基本操作方法。

（三）素质目标

（1）具有良好的工作习惯、职业素养。
（2）具有爱岗敬业的精神。
（3）具有高度的职业责任心和安全意识，遵章守纪、规范操作。

四、课程内容及学时安排

序号	工作任务	学习内容及要求	学时
1	职业素质训导 钳工基本操作专业知识	学习内容： 1. 钳工基本操作方法； 2. 钳工工具名称、规格及选用和适用范围； 3. 钳工的基本操作技能，重点掌握锯、锉、錾以及划线方法	8
		具体要求： 1.了解钳工常用操作方法要领； 2. 掌握钳工实训安全知识	
2	孔加工、丝加工	学习内容： 1. 按照图纸进行钻孔、铰孔和攻丝操作； 2. 六角螺帽的制作	10
		具体要求： 1. 孔加工、攻丝加工； 2. 了解钻床结构及钻孔、铰孔和攻丝的基本操作方法	
3	锉配模块加工工艺的编制及制作	学习内容： 1. 与锉配模块加工工艺相关的公差与配合知识； 2. 精密量具的正确使用及保养； 3. 基本的识图知识和工艺概念； 4. 立体划线	10
		具体要求： 1. 理解制作工艺，用于实际制作； 2. 掌握游标卡尺、高度游标划线尺、万能角度尺、刀口直角尺、半径规的正确使用和保养	

五、教材编写与选用建议

优先选用高职高专规划教材。

六、教学资源与其他

序号	教学资源类别	教学资料基本信息
1	教学场所	1. 多媒体教室； 2. 校内钳工实训基地
2	主要参考教材	1. 《金工实习》，电子科技大学出版社； 2. 《金工实习》，机械工业出版社
3	数字化资源	智慧职教、超星平台等

七、教学方法与手段

（1）实训中集中讲授应尽量多采用教学录像、幻灯、投影片和现场示范讲解等辅助教学手段，以加强实训的教学效果。

（2）应根据在实训期间的操作技能，制作实物的质量，处理问题能力，实训报告和劳动态度等对学生进行综合考核评定。

（3）学生学完本课程后应考取钳工工种中级职业资格证书，培训大纲及考核办法参照国家职业技能鉴定考试大纲。

八、考核与评价

（一）考核方式

（1）考核评价=过程评价 30% + 阶段评价 40%+综合考核 30%。

（2）过程评价：学生出勤、作业、课堂纪律。

（3）阶段评价=项目考核+职业资格考证。

（4）综合考核：实训报告、综合测试。

评价方式	评定项目	分数分配
平时考核	学生出勤 5%，学生作业 20%，课堂纪律 5%	30%
阶段性项目考核	评价学生对项目的掌握情况，每个子项目一个评价，每个项目完成一个项目考核表	40%
职业资格考证	选考“钳工中级”	
综合考核	综合测试及实训报告	30%
合　计		100%

（二）项目考核评价表

序号	工作任务	考核要求	评分标准	分数分配
1	孔加工、攻丝加工	学习态度好、动手能力强、能按要求独立完成工件加工	作业单项百分制	50%
2	锉配模块加工工艺的编制及制作	学习态度好、动手能力强、能理解制作工艺，掌握游标卡尺、高度游标划线尺、万能角度尺、刀口直角尺，半径规的正确使用和保养	作业单项百分制	50%
	合　计			100%

九、课程训练项目设计参考方案

编号	能力训练项目名称	能力训练任务名称	拟实现的能力目标	相关支撑知识	训练方式与建议
1	孔加工、丝加工	按照图纸进行钻孔、铰孔和攻丝操作	1. 掌握孔加工、攻丝加工； 2. 了解钻床结构及钻孔、铰孔和攻丝的基本操作方法	1. 钳工的基本操作； 2. 钻孔、扩孔和铰孔知识； 3. 攻螺纹和套螺纹知识	现场教学和实际操作/10学时
		六角螺帽的制作			
2	锉配模块加工工艺的编制及制作	精密量具的正确使用及保养	1. 理解制作工艺，用于实际制作； 2. 掌握游标卡尺、高度游标划线尺、万能角度尺、刀口直角尺、半径规的正确使用和保养	1. 与锉配模块加工工艺相关的公差与配合知识； 2. 基本的识图知识和工艺概念； 3. 量具的相关知识	现场教学和实际操作/10学时
		立体划线			

十、编制说明

在教学过程中，教师可以根据教学实施的实际情况，在保证教学效果的前提下，对课程内容以及学时分配进行适当的、灵活的调整。

第六节 “焊工实训”课程教学实施细则

一、基本信息

<table>
<tr><td>课程代码</td><td>课程名称</td><td>学 分</td><td>总学时</td><td>理论学时</td><td>实践学时</td></tr>
<tr><td>C006</td><td>焊工实训</td><td>1</td><td>28</td><td></td><td>28</td></tr>
<tr><td colspan="2">课程类型</td><td colspan="2">课程性质</td><td>开课部门</td><td>开课学期</td></tr>
<tr><td colspan="2">实践课</td><td colspan="2">专业群平台课</td><td>实训中心</td><td>2</td></tr>
<tr><td>前导课程</td><td>机械制图与CAD、汽车机械基础</td><td colspan="2" rowspan="2">适合对象</td><td colspan="2" rowspan="2">新能源汽车技术专业</td></tr>
<tr><td>后续课程</td><td>专业课程</td></tr>
</table>

二、课程设计思路

模拟实际生产现场，以实际操作为主线，要求学员熟练掌握焊工的操作要点，了解常见焊工设备的使用，根据实际应用串讲部分相关原理，让学生有一定专业自学能力。

三、课程目标

（一）能力目标

（1）能掌握焊工的基本操作。
（2）能熟练使用游标卡尺、千分尺、高度游标卡尺进行立体划线。
（3）掌握一般零件的焊接工艺。
（4）具有识读机械图的能力。
（5）具有识读与理解零件图的能力，能操作、调整普通焊机。
（6）掌握焊接设备及乙炔与氧气的正确使用及保养方法。
（7）能掌握焊接的操作安全知识。
（8）能熟悉地进行平焊、角焊和薄板焊接。

（二）知识目标

（1）焊接基础知识的概念，理解焊接在生产实践的实质作用。

（2）掌握焊接注意事项以及焊接设备和乙炔与氧气的正确使用方法及调试方法。

（三）素质目标

（1）具有良好的工作习惯、职业素养。

（2）具有爱岗敬业的精神。

（3）具有高度的职业责任心和安全意识，遵章守纪、规范操作。

四、课程内容及学时安排

序号	工作任务	学习内容及要求	学时
1	职业素质训导焊工基本操作专业知识	学习内容： 1. 焊工的适用范围以及在生产过程中的作用； 2. 安全文明生产知识及规章制度	28
		具体要求： 熟悉焊工安全操作规程	
	平焊、角焊和薄板焊	学习内容：平焊、角焊和薄板焊接	
		具体要求： 1. 掌握一般焊接技术； 2. 能熟悉地焊接平焊、角焊和薄板焊接的能力	

五、教材编写与选用建议

优先选用教育部高职规划教材。

六、教学资源与其他

序号	教学资源类别	教学资料基本信息
1	教学场所	1. 多媒体教室； 2. 校内钳工、焊工实训室
2	主要参考教材	1.《焊接技能实训》，机械工业出版社； 2.《金工实习》，电子科技大学出版社； 3.《焊工技能训练与考级》，机械工业出版社
3	数字化资源	智慧职教、超星平台等

七、教学方法与手段

（1）实训中理论部分讲授应尽量多采用 PPT 教学、录像、幻灯片和现场示范讲解等辅助教学手段，以增强实训的教学效果。

（2）应根据学生在实训期间的操作技能，制作实物的质量，处理问题能力，实训报告和劳动态度等进行综合考核评定。

八、考核与评价

（一）考核方式

（1）考核评价=过程评价 40% + 阶段评价 40%+综合考核 20%。

（2）过程评价：学生出勤，作业，课堂纪律。

（3）阶段评价=项目考核+职业资格考证。

（4）综合考核：实训报告、综合测试。

评价方式	评定项目	分数分配
平时考核	学生出勤 10%，学生作业 20%，课堂纪律 10%	40%
阶段性项目考核	评价学生对项目的掌握情况，每个子项目一个评价，每个项目完成一个项目考核表	40%
职业资格考证	选考“焊工作业证”	
综合考核	综合测试及实训报告	20%
合　计		100%

（二）项目考核评价表

序号	工作任务	考核要求	评分标准	分数分配
1	平焊、角焊和薄板焊	学习态度好、动手能力强、焊接工艺能达到基本要求	作业单项百分制	100%
2	合　计			100%

九、课程训练项目设计参考方案

编号	能力训练项目名称	能力训练任务名称	拟实现的能力目标	相关支撑知识	训练方式与建议
1	焊工实训	平焊、角焊及薄板焊	1. 掌握一般的焊接技巧； 2. 焊接工艺符合要求	1. 焊工安全操作规程； 2. 气焊与气割知识； 3. 焊接校验知识	现场教学和实际操作/24 学时

十、编制说明

在教学过程中，教师可以根据教学实施的实际情况，在保证教学效果的前提下，对课程内容以及学时分配进行适当的、灵活的调整。

第七节　“发动机机械故障检修”课程教学实施细则

一、基本信息

<table>
<tr><td>课程代码</td><td>课程名称</td><td>学　分</td><td>总学时</td><td>理论学时</td><td>实践学时</td></tr>
<tr><td>C007</td><td>发动机机械故障检修</td><td>3</td><td>66</td><td>46</td><td>20</td></tr>
<tr><td colspan="2">课程类型</td><td colspan="2">课程性质</td><td>开课部门</td><td>开课学期</td></tr>
<tr><td colspan="2">理论+实践课</td><td colspan="2">专业主干课</td><td>汽车教研室</td><td>2</td></tr>
<tr><td>前导课程</td><td colspan="2">机械制图与CAD、汽车机械基础</td><td rowspan="2">适合对象</td><td colspan="2" rowspan="2">新能源汽车技术专业</td></tr>
<tr><td>后续课程</td><td colspan="2">电控发动机维护与检修</td></tr>
</table>

二、课程设计思路

按照“以能力为本位，以职业实践为主线，以项目课程为主体”的要求，以工作任务为中心构建教学内容。

工作任务选取的基本依据是“发动机机械系统故障检修”课程涉及的工作领域和工作任务范围，在具体设计过程中，以发动机机械系统常见故障为载体，使工作任务具体化，产生具体的学习任务。

在课程的设计上，注重职业道德的培养和职业素养的养成。以真实的案例为基础，设计了发动机基本认识、曲柄连杆机构检修、配气机构检修、汽油供给系检修、柴油机燃油供给系检修、冷却系检修及润滑系检修等7个学习任务。

三、课程目标

（一）能力目标

（1）能熟练拆装发动机。

（2）能正确使用常用工量具检测与维修发动机。

（3）能正确使用检测仪器诊断和排除发动机常见机械故障。

（二）知识目标

（1）了解发动机的构造与工作原理。
（2）掌握汽车发动机的性能指标、维修的基本方法。
（3）掌握发动机常见机械故障的原因、特点及诊断分析方法。

（三）素质目标

（1）具有严谨认真、实事求是的科学态度。
（2）具有团队精神和协作精神；
（3）具有良好的心理素质和克服困难的能力。
（4）具有高度的职业责任心和安全意识，遵章守纪、规范操作。

四、课程内容及学时安排

序号	工作任务	学习内容及要求	学时
1	发动机基本认识	学习内容： 1. 发动机的基本构造和工作原理； 2. 发动机的分类及常用术语	4
		具体要求： 了解发动机结构，掌握发动机常用术语	
2	曲柄连杆机构检修	学习内容： 1. 机体组的构造与维修； 2. 活塞连杆组的构造与维修； 3. 曲轴飞轮组的构造与维修	18
		具体要求： 1. 掌握机体组的构造与维修方法； 2. 活塞连杆组的构造与维修方法； 3. 掌握曲轴飞轮组的构造与维修方法	
3	配气机构检修	学习内容： 1. 配气机构的组成； 2. 配气机构主要零部件结构与检修； 3. 配气相位及气门间隙	18
		具体要求： 1. 掌握配气机构的组成； 2. 掌握配气机构主要零部件结构与检修方法； 3. 掌握气门间隙调整方法	
4	汽油供给系统检修	学习内容： 1. 汽油机燃油供给系统的结构及工作原理； 2. 进、排气的组成及结构	8

续表

序号	工作任务	学习内容及要求	学时
4	汽油供给系统检修	具体要求： 1. 掌握汽油机燃油供给系统的结构工作原理； 2. 掌握进、排气机构的组成及结构	8
5	柴油机燃油供给系统检修	学习内容： 1. 柴油机燃油供给系统组成及工作原理； 2. 高压共轨柴油机的结构与工作原理	8
		具体要求： 1. 掌握柴油机燃油供给系统组成及工作原理； 2. 掌握高压共轨柴油机的结构与工作原理	
6	冷却系统检修	学习内容： 1. 冷却系统的组成及工作原理； 2. 冷却系统常见故障检修	6
		具体要求： 1. 掌握冷却系统的组成及工作原理； 2. 掌握冷却系统常见故障检修方法	
7	润滑系统检修	学习内容： 1. 润滑系统的组成及工作原理； 2. 润滑系统常见故障检修	4
		具体要求： 1. 掌握润滑系统的组成及工作原理； 2. 掌握润滑系统常见故障的检修方法	

五、教学资源与其他

序号	教学资源类别	教学资料基本信息
1	教学场所	1. 多媒体教室； 2. 校内汽车发动机实训室； 3. 校外汽车专业实训基地
2	主要参考教材	1.《汽车发动机机械系统检修》，西北大学出版社； 2.《汽车发动机构造与维修》，机械工业出版社； 3.《汽车发动机机械系统检修》，人民交通出版社
3	数字化资源	智慧职教、超星平台等

六、教学方法与手段

（一）讲授法

采用讲授法介绍发动机机械系统组成部件的工作原理、维护和检修的方法。

（二）小组讨论法

给出实训项目后，进行分组讨论，制定实施方案，方案通过后，再按制定的方案实施该项目。

（三）角色扮演法

通过扮演不同的角色，让学生体会不同角色的作为和心理状态。

七、考核与评价

（一）考核方式

（1）考核评价=过程评价 50%＋ 阶段评价 50%。

（2）过程评价：采用学生出勤，学生作业，课程综合考核相结合。

（3）阶段评价=项目考核 ＋ 期末考核。

评价方式	评定项目	分数分配
平时考核	学生出勤 5%，学生作业 5%	10%
阶段性项目考核	评价学生对项目的掌握情况，每个子项目一个评价阶段，每个项目完成一套项目考核表	40%
期末考核	操作技能与知识考核相结合	50%
合　计		100%

（二）项目考核评价表

序号	工作任务	考核要求	评分标准	分数分配
1	发动机总体认识	学习态度好、回答问题正确、动手能力强、实训报告规范	满分 100 分	10%
2	气缸体、气缸盖检查	学习态度好、回答问题正确、动手能力强、实训报告规范	满分 100 分	10%
3	活塞环的选配	学习态度好、回答问题正确、动手能力强、实训报告规范	满分 100 分	10%
4	曲轴的检查	学习态度好、回答问题正确、动手能力强、实训报告规范	满分 100 分	10%
5	气门间隙的检查和调整	学习态度好、回答问题正确、动手能力强、实训报告规范	满分 100 分	10%
6	气缸压力的测量	学习态度好、回答问题正确、动手能力强、实训报告规范	满分 100 分	10%

续表

序号	工作任务	考核要求	评分标准	分数分配
7	正时皮带的安装与调整	学习态度好、回答问题正确、动手能力强、实训报告规范	满分 100 分	10%
8	喷油泵的检查与调试	学习态度好、回答问题正确、动手能力强、实训报告规范	满分 100 分	10%
9	水泵的检修	学习态度好、回答问题正确、动手能力强、实训报告规范	满分 100 分	10%
10	机油泵的检修	学习态度好、回答问题正确、动手能力强、实训报告规范	满分 100 分	10%
11	合　计			100%

八、课程训练项目设计参考方案

编号	能力训练项目名称	能力训练任务名称	拟实现的能力目标	相关支撑知识	训练方式与建议
1	发动机基本认识	发动机结构认识	能描述发动机总体构造及工作原理	发动机的总体结构	实训/2 学时
2	曲柄连杆机构检修	气缸体、气缸盖检查	能正确进行气缸磨损的检查、气缸体平面度检查	气缸体、气缸盖的结构	实训/2 学时
		活塞环的选配	能正确选配活塞环	活塞的结构	实训/2 学时
		曲轴的检查	能正确进行曲轴轴颈磨损的检查及曲轴裂纹的检验	曲轴的结构	实训/2 学时
3	配气机构检修	气门间隙的检查和调整	能正确完成气门间隙的检查、调整	配气机构的结构与工作原理	实训/2 学时
		气缸压力的测量	能正确进行气缸密封性检查	发动机的结构与工作原理	实训/2 学时
		正时皮带的安装与调整	能正确安装正时皮带	发动机总体结构	实训/2 学时
4	柴油机燃油供给系检修	喷油泵的检查与调试	能对喷油泵进行调试	喷油泵的结构与工作原理	实训/2 学时
5	冷却系检修	水泵的检修	能对水泵进行检修	水泵的结构	实训/2 学时
6	润滑系检修	机油泵的检修	能对机油泵进行检修	机油泵的结构	实训/2 学时

九、编制说明

在教学过程中，教师可以根据教学实施的实际情况，在保证教学效果的前提下，对课程内容以及学时分配进行适当的、灵活的调整。

第八节　“汽车底盘机械故障检修”课程教学实施细则

一、基本信息

<table>
<tr><td>课程代码</td><td>课程名称</td><td>学 分</td><td>总学时</td><td>理论学时</td><td>实践学时</td></tr>
<tr><td>C008</td><td>汽车底盘机械故障检修</td><td>3</td><td>66</td><td>40</td><td>26</td></tr>
<tr><td colspan="2">课程类型</td><td colspan="2">课程性质</td><td>开课部门</td><td>开课学期</td></tr>
<tr><td colspan="2">理论+实践课</td><td colspan="2">专业主干课</td><td>汽车教研室</td><td>2</td></tr>
<tr><td>前导课程</td><td>机械制图与 CAD、汽车机械基础</td><td colspan="2" rowspan="2">适合对象</td><td colspan="2" rowspan="2">新能源汽车技术专业</td></tr>
<tr><td>后续课程</td><td>电控底盘维护与检修</td></tr>
</table>

二、课程设计思路

按照“以能力为本位，以职业实践为主线，以项目课程为主体”的要求，以工作任务为中心构建教学内容。

工作任务选取的基本依据是“汽车底盘机械系统故障检修”课程涉及的工作领域和工作任务范围，在具体设计过程中，以汽车底盘机械系统常见故障为载体，使工作任务具体化，产生具体的学习任务。

在课程的设计上，注重职业道德的培养和职业素养的养成。以真实的案例为基础，设计了汽车传动系统检修、汽车转向系统检修、汽车行驶系统检修、汽车制动系统检修等 4 个学习任务。

三、课程目标

（一）能力目标

（1）能描述汽车底盘的基本结构组成，工作原理。

（2）能正确使用汽车底盘的相关拆装，检测工具。

（3）能按正确工作规程要求和顺序完成汽车底盘各总成、部件的拆装作业。

（4）能按规范完成汽车底盘各总成、部件的一级和二级维护作业。

（5）能运用相关知识诊断简单的汽车底盘故障。
（6）会检修汽车底盘各总成、部件。

（二）知识目标

（1）掌握汽车底盘的构造与工作原理。
（2）掌握汽车底盘的性能、正确使用、检测、维修的基本方法。
（3）掌握汽车底盘常见故障的原因、特点及诊断分析方法。

（三）素质目标

（1）具有严谨认真、实事求是的科学态度。
（2）具有团队精神和协作精神。
（3）具有良好的心理素质和克服困难的能力。
（4）具有高度的职业责任心和安全意识，遵章守纪、规范操作。

四、课程内容及学时安排

序号	工作任务	学习内容及要求	学时
1	汽车传动系统检修	学习内容： 1. 离合器的基本构造和故障检修； 2. 汽车手动变速器的基本结构和故障检修； 3. 汽车万向传动装置的基本结构与故障检修； 4. 汽车驱动桥检修的基本结构与故障检修	36
		具体要求： 1. 掌握离合器的基本构造、工作原理和故障检修方法； 2. 掌握汽车手动变速器的基本结构、工作原理和故障检修方法； 3. 掌握汽车万向传动装置的基本结构、工作原理与故障检修方法； 4. 掌握汽车驱动桥检修的基本结构、工作原理与故障检修方法	
2	汽车转向系统检修	学习内容： 1. 汽车机械转向系统的结构和故障检修； 2. 汽车液压动力转向系统的结构和故障检修	8
		具体要求： 1. 汽车机械转向系统的结构、工作原理和故障检修方法； 2. 汽车液压动力转向系统的结构、工作原理和故障检修方法	

续表

<table>
<tr><th>序号</th><th>工作任务</th><th>学习内容及要求</th><th>学时</th></tr>
<tr><td rowspan="2">3</td><td rowspan="2">汽车行驶系统检修</td><td>学习内容：
1. 汽车车架结构和故障检修；
2. 汽车桥结构和故障检修；
3. 汽车车轮总成结构和故障检修；
4. 汽车悬架结构和故障检修</td><td rowspan="2">14</td></tr>
<tr><td>具体要求：
1. 掌握汽车车架结构和故障检修方法；
2. 掌握汽车桥结构和故障检修方法；
3. 掌握汽车车轮总成结构和故障检修方法；
4. 掌握汽车悬架结构和故障检修方法</td></tr>
<tr><td rowspan="2">4</td><td rowspan="2">汽车制动系统检修</td><td>学习内容：
1. 汽车制动器结构和故障检修；
2. 汽车液压式制动传动装置和故障检修</td><td rowspan="2">8</td></tr>
<tr><td>具体要求：
1. 掌握汽车制动器的结构工作原理；
2. 掌握汽车液压式制动传动装置的组成及结构</td></tr>
</table>

五、教学资源与其他

序号	教学资源类别	教学资料基本信息
1	教学场所	1. 多媒体教室； 2. 校内汽车底盘实训室； 3. 校外汽车专业实训基地
2	主要参考教材	1.《现代汽车底盘构造》，上海交通大学出版社； 2.《汽车构造》，人民交通出版社； 3.《汽车底盘机械系统故障检修》，人民交通出版社
3	数字化资源	智慧职教、超星平台等

六、教学方法与手段

（一）讲授法

采用讲授法介绍发动机机械系统组成部件的工作原理、维护和检修方法。

（二）小组讨论法

给出实训项目后，进行分组讨论，制订实施方案，方案通过后，再按制定的方案实施该项目。

（三）角色扮演法

通过扮演不同的角色，让学生体会不同角色的作为和心理状态。

七、考核与评价

（一）考核方式

（1）考核评价=过程评价 50% +阶段评价 50%

（2）过程评价：采用学生出勤，学生作业，课程综合考核相结合。

（3）阶段评价=项目考核+职业资格考证+期末考核。

评价方式	评定项目	分数分配
平时考核	学生出勤 5%，学生作业 5%	10%
阶段性项目考核	评价学生对项目的掌握情况，每个子项目一个评价阶段，每个项目完成一套项目考核表	40%
期末考核	操作技能与知识考核相结合	50%
合　计		100%

（二）考核评价表

序号	考核主要内容	考核要求	评分标准	分数分配
1	底盘综述及安全生产	学习态度好、回答问题正确、动手能力强、实训报告规范	满分 100 分	5%
2	离合器故障诊断	学习态度好、回答问题正确、动手能力强、实训报告规范	满分 100 分	20%
3	变速传动机构故障检修	学习态度好、回答问题正确、动手能力强、实训报告规范	满分 100 分	20%
4	万向传动装置故障检修	学习态度好、回答问题正确、动手能力强、实训报告规范	满分 100 分	5%
5	驱动桥故障检修	学习态度好、回答问题正确、动手能力强、实训报告规范	满分 100 分	5%
6	车架和悬架故障检修	学习态度好、回答问题正确、动手能力强、实训报告规范	满分 100 分	10%
7	车轮与车胎故障检修	学习态度好、回答问题正确、动手能力强、实训报告规范	满分 100 分	5%
8	车桥故障检修	学习态度好、回答问题正确、动手能力强、实训报告规范	满分 100 分	5%
9	转向系统故障检修	学习态度好、回答问题正确、动手能力强、实训报告规范	满分 100 分	10%
10	制动系统故障检修	学习态度好、回答问题正确、动手能力强、实训报告规范	满分 100 分	15%
11	合　计			100%

八、课程训练项目设计参考方案

编号	能力训练项目名称	能力训练任务名称	拟实现的能力目标	相关支撑知识	训练方式与步骤
1	离合器故障诊断	离合器的拆装	1. 熟练使用拆装工具； 2. 掌握离合器的拆装方法	离合器的结构与工作原理	实训/2 学时
2	变速传动机构故障检修	齿轮变速传动机构拆装	1. 熟练使用拆装工具； 2. 掌握变速器的拆装方法	变速传动机构的结构与工作原理	实训/2 学时
3	万向传动装置故障检修	万向传动装置拆装	1. 熟练使用拆装工具； 2. 掌握万向传动装置的拆装方法	万向传动装置的结构与工作原理	实训/2 学时
4	驱动桥故障检修	驱动桥拆装	1. 熟练使用拆装工具； 2. 掌握驱动桥的拆装方法	驱动桥的结构与工作原理	实训/2 学时
5	车架和悬架故障检修	车架和悬架拆装	1. 熟练使用拆装工具； 2. 掌握车架和悬架的拆装方法	车架和悬架的结构与工作原理	实训/2 学时
6	车轮与车胎故障检修	1. 车轮和轮胎拆装	1. 熟练使用拆装工具； 2. 掌握车轮和轮胎的拆装方法	车轮和轮胎的结构与工作原理	实训/2 学时
		2. 车轮和轮胎常见故障诊断	1. 熟练使用检测工具； 2. 掌握车轮和轮胎常见故障诊断方法	车轮和轮胎的常见故障诊断	实训/2 学时
7	车桥故障检修	1. 车桥拆装	1. 熟练使用拆装工具； 2. 掌握车桥的拆装方法	车桥的结构与工作原理	实训/2 学时
		2. 车桥常见故障诊断	1. 熟练使用检测工具； 2. 掌握车桥常见故障诊断方法	车桥的常见故障诊断	实训/2 学时
8	转向系统故障检修	1. 转向系统拆装	1. 熟练使用拆装工具； 2. 掌握机械转向系统的拆装方法	机械转向系的结构与工作原理	实训/2 学时
		2. 转向系统常见故障诊断	1. 熟练使用检测工具； 2. 掌握机械转向系统常见故障诊断方法	机械转向系的常见故障诊断	实训/2 学时
9	制动系统故障检修	1. 制动系统拆装	1. 熟练使用拆装工具； 2. 掌握机械制动系统的拆装方法	机械制动系统的结构与工作原理	实训/2 学时
		3. 制动系统常见故障诊断	1. 熟练使用检测工具； 2. 掌握机械制动系统常见故障诊断方法	机械制动系统的常见故障诊断	实训/2 学时

九、编制说明

在教学过程中，教师可以根据教学实施的实际情况，在保证教学效果的前提下，对课程内容以及学时分配进行适当的、灵活的调整。

第九节 “电控发动机维护与检修”课程教学实施细则

一、基本信息

<table>
<tr><td>课程代码</td><td colspan="2">课程名称</td><td>学 分</td><td>总学时</td><td>理论学时</td><td>实践学时</td></tr>
<tr><td>C008</td><td colspan="2">电控发动机维护与检修</td><td>3</td><td>66</td><td>42</td><td>24</td></tr>
<tr><td colspan="2">课程类型</td><td colspan="3">课程性质</td><td>开课部门</td><td>开课学期</td></tr>
<tr><td colspan="2">理论+实践课</td><td colspan="3">专业主干课</td><td>汽车教研室</td><td>3</td></tr>
<tr><td>前导课程</td><td colspan="2">汽车发动机机械故障检修</td><td rowspan="2">适合对象</td><td colspan="3" rowspan="2">新能源汽车技术专业</td></tr>
<tr><td>后续课程</td><td colspan="2">毕业顶岗实习</td></tr>
</table>

二、课程设计思路

按照“以能力为本位，以职业实践为主线，以项目课程为主体”的要求，以工作任务为中心构建教学内容。

工作任务选取的基本依据是“电控发动机维护与检修”课程涉及的工作领域和工作任务范围，在具体设计过程中，以电控发动机常见故障为载体，使工作任务具体化，产生具体的学习任务。

在课程的设计上，注重职业道德的培养和职业素养的养成，以真实的案例为基础，设计了电控发动机的认识、空气供给系统的检修、燃油喷射系统的检修、点火系统的检修、排放系统的检修及电控发动机简单故障检修等 6 个学习任务。

三、课程目标

通过本课程的学习，使学生掌握电控发动机的结构和工作原理，掌握电控发动机的维护与检修方法。

（一）能力目标

（1）能熟练识别电控发动机各零部件和电路图。

（2）能熟练拆装电控发动机各部件及相关电路。

（3）会使用汽车专用万用表、综合测试仪、解码器等专用仪器设备。

（4）能进行电控发动机常见故障的诊断与排除。

（5）能进行电控底盘各零部件的维护与保养。

（二）知识目标

（1）掌握电控发动机各零部件的结构与工作原理。
（2）熟练掌握电控发动机维护、保养的流程。
（3）熟练掌握电控发动机故障产生的原因及诊断、检测的流程。

（三）素质目标

（1）具有严谨认真、实事求是的科学态度。
（2）能自主学习新知识、新技能。
（3）具有高度的职业责任心和安全意识，遵章守纪、规范操作。

四、课程内容及学时安排

序号	工作任务	学习内容及要求	学时
1	电控发动机的认识	学习内容： 1. 电控发动机的基本组成； 2. 常见故障的表征； 3. 接车单的内容及填写规范	4
		具体要求： 1. 掌握电控发动机的传感器、执行器的安装位置； 2. 掌握常见故障的表征； 3. 能正确填写接车单	
2	空气供给系统的故障检修	学习内容： 1. 空气流量传感器的组成、工作原理和故障检修； 2. 进气管绝对压力传感器的组成、工作原理和故障检修； 3. 节气门位置传感器的组成、工作原理和故障检修； 4. 怠速控制装置的组成、工作原理和故障检修； 5. 谐波增压系统的组成、工作原理和故障检修； 6. 涡轮增压系统的组成、工作原理和故障检修	18
		具体要求： 1. 掌握空气流量传感器的组成、工作原理和故障检修方法； 2. 掌握进气管绝对压力传感器的组成、工作原理和故障检修方法； 3. 掌握节气门位置传感器的组成、工作原理和故障检修方法； 4. 掌握怠速控制装置的组成、工作原理和故障检修方法； 5. 掌握谐波增压系统的组成、工作原理和故障检修方法； 6. 掌握涡轮增压系统的组成、工作原理和故障检修方法	
3	燃油供给系统的故障检修	学习内容： 1. 电动燃油泵组成、工作原理和故障检修； 2. 油压调节器组成、工作原理和故障检修； 3. 喷油器组成、工作原理和故障检修	18

续表

序号	工作任务	学习内容及要求	学时
3	燃油供给系统的故障检修	具体要求： 1. 掌握电动燃油泵组成、工作原理和故障检修方法； 2. 掌握油压调节器组成、工作原理和故障检修方法； 3. 掌握喷油器组成、工作原理和故障检修方法	18
4	点火系统的检修	学习内容： 1. 曲轴位置传感器组成、工作原理和故障检修； 2. 凸轮轴位置传感器组成、工作原理和故障检修； 3. 爆震传感器的组成、工作原理和故障检修； 4. 点火提前角的控制和调整	8
		具体要求： 1. 掌握曲轴位置传感器的组成、工作原理和故障检修方法； 2. 掌握凸轮轴位置传感器的组成、工作原理和故障检修方法； 3. 掌握爆震传感器的组成、工作原理和故障检修方法； 4. 掌握点火提前角的控制原理和调整方法	
5	电控发动机排放系统故障检修	学习内容： 1. 燃油蒸气回收系统的组成、工作原理和故障检修； 2. 二次空气喷射系统的组成、工作原理和故障检修； 3. 废气再循环系统的组成、工作原理和故障检修； 4. 曲轴箱强制通风系统的组成、工作原理和故障检修； 5. 氧传感器的组成、工作原理和故障检修	8
		具体要求： 1. 掌握燃油蒸气回收系统的组成、工作原理和故障检修方法； 2. 掌握二次空气喷射系统的组成、工作原理和故障检修方法； 3. 掌握废气再循环系统的组成、工作原理和故障检修方法； 4. 掌握曲轴箱强制通风系统的组成、工作原理和故障检修方法； 5. 掌握氧传感器的组成、工作原理和故障检修方法	
6	电控发动机简单故障检修	学习内容： 1. 电控发动机故障检修流程及方法； 2. 发电控动机无法启动故障的检修； 3. 电控发动机怠速不稳故障的检修； 4. 电控发动机动力不足故障的检修	10
		具体要求： 1. 掌握电控发动机故障检修流程及方法； 2. 掌握发电控动机无法启动故障的检修方法； 3. 掌握电控发动机怠速不稳故障的检修方法； 4. 掌握控发动机动力不足故障的检修方法	

五、教学资源与其他

序号	教学资源类别	教学资料基本信息
1	教学场所	1. 多媒体教室； 2. 校内汽车底盘实训室； 3. 校外汽车专业实训基地
2	主要参考教材	1.《汽车发动机电控技术》，机械工业出版社； 2.《汽车发动机电控技术与检修》，电子工业出版社； 3.《电控发动机原理与检修》，北京理工大学出版社
3	数字化资源	智慧职教、超星平台等

六、教学方法与手段

（一）讲授法

采用讲授法介绍电控发动机组成部件的工作原理、维护和检修的方法。

（二）小组讨论法

给出实训项目后，进行分组讨论，制订实施方案，方案通过后，再按制定的方案实施该项目。

（三）角色扮演法

通过扮演不同的角色，让学生体会不同角色的作为和心理状态。

七、考核与评价

（一）考核方式

（1）考核评价=过程评价 50% + 阶段评价 50%。

（2）过程评价：采用学生出勤，学生作业，课程综合考核相结合。

（3）阶段评价=项目考核+职业资格考证+期末考核。

评价方式	评定项目	分数分配
平时考核	学生出勤 5%，学生作业 5%。	10%
阶段性项目考核	评价学生对项目的掌握情况，每个子项目一个评价阶段，每个项目完成一套项目考核表	40%
期末考核	操作技能与知识考核相结合	50%
合　计		100%

（二）项目考核评价表

序号	工作任务	考核要求	评分标准	分数分配
1	认识电控发动机	学习态度好、回答问题正确、动手能力强、实验报告规范	满分 100 分	5%
2	空气流量计的维护与检修	学习态度好、回答问题正确、动手能力强、实验报告规范	满分 100 分	10%
3	节气门位置传感器的维护与检修	学习态度好、回答问题正确、动手能力强、实验报告规范	满分 100 分	10%
4	怠速控制系统的维护与检修	学习态度好、回答问题正确、动手能力强、实验报告规范	满分 100 分	10%
5	可变正时配气系统的维护与检修	学习态度好、回答问题正确、动手能力强、实验报告规范	满分 100 分	10%
6	电动汽油泵的维护与检修	学习态度好、回答问题正确、动手能力强、实验报告规范	满分 100 分	10%
7	喷油器的维护与检修	学习态度好、回答问题正确、动手能力强、实验报告规范	满分 100 分	10%
8	曲轴位置传感器的维护与检修	学习态度好、回答问题正确、动手能力强、实验报告规范	满分 100 分	10%
9	发动机排放系统的维护与检修	学习态度好、回答问题正确、动手能力强、实验报告规范	满分 100 分	5%
10	电控发动机简单故障的检修	学习态度好、回答问题正确、动手能力强、实验报告规范	满分 100 分	20%
11	合　计			100%

八、课程训练项目设计参考方案

编号	能力训练项目名称	能力训练任务名称	拟实现的能力目标	相关支撑知识	教学方法与建议
1	电控发动机的认识	认识电控发动机部件	掌握电控发动机组成部件的名称和位置	电控发动机的组成	实训 /2 学时
2	空气供给系统的维护与检修	空气流量计的维护与检修	掌握空气流量计维护与检修的方法	空气流量计的结构与工作原理	实训 /2 学时
		节气门位置传感器的维护与检修	掌握节气门位置传感器维护与检修的方法	节气门位置传感器的结构与工作原理	实训 /2 学时
		怠速控制系统的维护与检修	掌握怠速控制系统维护与检修的方法	怠速控制系统的结构与工作原理	实训 /2 学时
		绝对压力传感器的维护与检修	掌握绝对压力传感器维护与检修的方法	绝对原理传感器的结构与工作原理	实训 /2 学时

续表

3	燃油喷射系统的维护与检修	电动汽油泵的维护与检修	掌握电动汽油泵维护与检修的方法	电动汽油泵的结构与工作原理	实训/2学时
		油压调节器的维护与检修	掌握油压调节器维护与检修的方法	油压调节器的结构与工作原理	实训/2学时
		喷油器的维护与检修	掌握喷油器维护与检修的方法	喷油器的结构与工作原理	实训/2学时
4	电子点火系统的维护与检修	曲轴位置传感器的维护与检修	掌握曲轴位置传感器维护与检修的方法	曲轴位置传感器的结构与工作原理	实训/2学时
		点火正时的调整	掌握点火正时调整的方法	点火正时的工作原理	实训/2学时
5	发动机排放系统的维护与检修	氧传感器的维护与检修	掌握氧传感器维护与检修的方法	氧传感器的结构与工作原理	实训/2学时
6	电控发动机简单故障检修	发动机启动困难的故障检修	掌握故障检修的流程与方法	电控发动机结构和工作原理	实训/2学时
		发动机动力不足的故障检修	掌握故障检修的流程与方法	电控发动机结构和工作原理	实训/2学时
		发动机燃油消耗过高的故障检修	掌握故障检修的流程与方法	电控发动机结构和工作原理	实训/2学时
		发动机排放超标的故障检修	掌握故障检修的流程与方法	电控发动机结构和工作原理	实训/2学时

九、编制说明

在教学过程中，教师可以根据教学实施的实际情况，在保证教学效果的前提下，对课程内容以及学时分配进行适当的、灵活的调整。

第十节　“汽车电器设备故障检修”课程教学实施细则

一、基本信息

<table>
<tr><td>课程代码</td><td colspan="2">课程名称</td><td>学　分</td><td>总学时</td><td>理论学时</td><td>实践学时</td></tr>
<tr><td>C010</td><td colspan="2">汽车电器设备故障检修</td><td>3</td><td>66</td><td>46</td><td>20</td></tr>
<tr><td colspan="2">课程类型</td><td colspan="3">课程性质</td><td>开课部门</td><td>开课学期</td></tr>
<tr><td colspan="2">理论+实践课</td><td colspan="3">专业主干课</td><td>汽车教研室</td><td>3</td></tr>
<tr><td>前导课程</td><td colspan="2">电工电子技术</td><td colspan="2" rowspan="2">适合对象</td><td colspan="2" rowspan="2">新能源汽车技术专业</td></tr>
<tr><td>后续课程</td><td colspan="2">新能源汽车故障与诊断技术</td></tr>
</table>

二、课程设计思路

按照“以能力为本位，以职业实践为主线，以项目课程为主体”的要求，以工作任务为中心构建教学内容。

工作任务选取的基本依据是“汽车电器设备检修”课程涉及的工作领域和工作任务范围，在具体设计过程中，以汽车电器设备为载体，使工作任务具体化，产生具体的学习任务。

在课程的设计上，注重职业道德的培养和职业素养的养成，以真实的案例为基础，设计了 10 个学习任务。

三、课程目标

通过本课程的学习，学生掌握汽车电器设备的结构和工作原理，掌握汽车电器设备的维护与检修方法。

（一）能力目标

（1）能熟练识别汽车电器设备各零部件和电路图。

（2）能熟练拆装汽车电器设备各部件及相关电路。

（3）会使用汽车专用万用表、综合测试仪、解码器等专用仪器设备。

（4）能进行汽车电器设备常见故障的诊断与排除。

（二）知识目标

（1）掌握汽车电器设备各零部件的结构与工作原理。
（2）熟练掌握汽车电器设备维护、保养的流程。
（3）熟练掌握汽车电器设备故障产生的原因及诊断、检测的流程。

（三）素质目标

（1）具有严谨认真、实事求是的科学态度。
（2）能自主学习新知识、新技能。
（3）具有高度的职业责任心和安全意识，遵章守纪、规范操作。

四、课程内容及学时安排

序号	工作任务	学习内容及要求	学时
1	汽车电气系统基础认识	学习内容： 1. 汽车电气系统的特点； 2. 汽车电气设备电路组成	2
		具体要求： 1. 了解汽车电路的特点； 2. 熟悉汽车电器设备电路组成	
2	蓄电池技术状况的检查与充电	学习内容： 1. 铅酸蓄电池的结构与型号； 2. 蓄电池的容量及其影响因素； 3. 蓄电池的充电； 4. 蓄电池常见的故障检修； 5. 蓄电池的使用、维护与检测	8
		具体要求： 1. 掌握蓄电池的检查与维护； 2. 掌握蓄电池的充电方法； 3. 掌握蓄电池的故障检修	
3	交流发电机及其调节器的故障诊断与排除	学习内容： 1. 交流发电机的结构与工作原理； 2. 交流发电机的故障检测； 3. 交流发电机的电压调节器工作原理； 4. 交流发电机的电压调节器故障检修； 5. 充电系统电路及故障诊断	8

续表

序号	工作任务	学习内容及要求	学时
3	交流发电机及其调节器的故障诊断与排除	具体要求： 1. 掌握交流发电机及其调节器的检查与维护； 2. 掌握交流发电机及其调节器的故障检修	8
4	起动系统的故障诊断与排除	学习内容： 1. 起动机的结构与工作原理； 2. 起动机的故障检测； 3. 起动控制电路及其工作原理； 4. 起动控制电路故障诊断	8
		具体要求： 1. 掌握起动系统的检查与维护； 2. 掌握起动系统的故障检修	
5	点火系统故障诊断与排除	学习内容： 1. 微机控制电子点火系统的组成和工作原理； 2. 微机控制点火系统的控制功能； 3. 典型微机控制点火系统故障诊断	4
		具体要求： 1. 掌握点火系统的检查与维护； 2. 掌握点火系统的故障检修	
6	照明与信号系统故障诊断与排除	学习内容： 1. 汽车灯光系统的组成和工作原理； 2. 汽车灯光系统的故障检修； 3. 汽车信号系统的组成与工作原理 4. 汽车信号系统的故障诊断	8
		具体要求： 1. 掌握照明与信号系统的检查与维护； 2. 掌握照明与信号系统的故障检修	
7	汽车安全气囊系统故障诊断与排除	学习内容： 1. 安全气囊系统的组成与工作原理； 2. 安全气囊检修注意事项； 3. 典型安全气囊系统故障诊断	6
		具体要求： 1 掌握安全气囊系统的检查与维护； 2 掌握安全气囊系统的故障检修	
8	仪表与指示灯系统故障诊断与排除	学习内容： 1. 汽车仪表系统的组成与工作原理； 2. 汽车报警信息系统； 3. 典型汽车仪表电路的故障诊断	8
		具体要求： 1. 掌握仪表与指示灯系统的检查与维护； 2. 掌握仪表与指示灯系统的故障检修	

续表

序号	工作任务	学习内容及要求	学时
9	辅助电器设备故障诊断与排除	学习内容： 1. 车窗刮水、清洗和除霜装置的组成、工作原理及故障检修； 2. 电动座椅的组成、工作原理及故障检修； 3. 电动门窗的组成、工作原理及故障检修； 4. 电动后视镜的组成、工作原理及故障检修； 5. 中央集控门锁的组成、工作原理及故障检修	8
		具体要求： 1. 掌握辅助电器设备的检查与维护； 2. 掌握辅助电器设备的故障检修	
10	汽车电路分析和连接更换	学习内容： 1. 汽车电路基础元件； 2. 汽车电路基本知识； 3. 汽车电路的识读	6
		具体要求： 1. 掌握汽车电路的识读； 2. 掌握汽车电路的故障检修	

五、教材编写建议

在编写本课程教材时，应充分考虑到一体化教学的特点，按任务或项目编写教材内容，教材选用应符合本实施细则的基本要求，优先选用省部级以上规划教材。

六、教学资源与其他

序号	教学资源类别	教学资料基本信息
1	教学场所	1. 多媒体教室； 2. 校内汽车电器实训室； 3. 校外汽车专业实训基地
2	主要参考教材	《汽车电气设备原理与检修》，电子工业出版社； 《汽车电器设备与维修》，机械工业出版社
3	数字化资源	智慧职教、超星平台等

多媒体课件、视频、动画及各种常见车型的维修手册等。

七、教学方法与手段

（一）讲授法

采用讲授法介绍汽车电器组成部件的工作原理、维护和检修的方法。

（二）小组讨论法

给出实训项目后，进行分组讨论，制订实施方案，方案通过后，再按制定的方案实施该项目。

（三）角色扮演法

通过扮演不同的角色，让学生体会不同角色的作为和心理状态。

八、考核与评价

（一）考核方式

（1）考核评价=过程评价 50%＋ 阶段评价 50%。

（2）过程评价：采用学生出勤，学生作业，课程综合考核相结合。

（3）阶段评价=项目考核+职业资格考证+期末考核。

评价方式	评定项目	分数分配
平时考核	学生出勤 5%，学生作业 5%。	10%
阶段性项目考核	评价学生对项目的掌握情况，每个子项目一个评价阶段，每个项目完成一套项目考核表	40%
期末考核	操作技能与知识考核相结合	50%
合　计		100%

（二）项目考核评价表

序号	工作任务	考核要求	评分标准	分数分配
1	汽车电气系统基础认识	学习态度好、回答问题正确、动手能力强、实验报告规范	满分 100 分	5%
2	蓄电池技术状态的检查与充电	学习态度好、回答问题正确、动手能力强、实验报告规范	满分 100 分	10%
3	交流发电机及其调节器的故障诊断与排除	学习态度好、回答问题正确、动手能力强、实验报告规范	满分 100 分	10%
4	起动系统故障诊断与排除	学习态度好、回答问题正确、动手能力强、实验报告规范	满分 100 分	10%
5	点火系统故障诊断与排除	学习态度好、回答问题正确、动手能力强、实验报告规范	满分 100 分	10%
6	照明与信号系统故障诊断与排除	学习态度好、回答问题正确、动手能力强、实验报告规范	满分 100 分	10%

续表

序号	工作任务	考核要求	评分标准	分数分配
7	汽车安全气囊系统故障诊断与排除	学习态度好、回答问题正确、动手能力强、实验报告规范	满分 100 分	10%
8	仪表与指示灯系统故障诊断与排除	学习态度好、回答问题正确、动手能力强、实验报告规范	满分 100 分	10%
9	辅助电器设备故障诊断与排除	学习态度好、回答问题正确、动手能力强、实验报告规范	满分 100 分	5%
10	汽车电路连接更换	学习态度好、回答问题正确、动手能力强、实验报告规范	满分 100 分	20%
	合　计			100%

九、课程训练项目设计参考方案

编号	能力训练项目名称	能力训练任务名称	拟实现的能力目标	相关支撑知识	教学方法与建议
1	汽车电气系统基础认识	汽车电气系统结构认识	能描述汽车电气系统总体构造及工作原理	汽车电气系统的总体结构	实训/2 学时
2	蓄电池技术状况检查与充电	蓄电池的检修	能对蓄电池进行检修	蓄电池的结构	实训/2 学时
3	交流发电机及其调节器故障诊断与排除	交流发电机的检修	能对交流发电机进行检修	交流发电机的结构	实训/2 学时
4	起动系统的故障诊断与排除	起动系统的检修	能对起动系统进行检修	起动系统的结构	实训/2 学时
5	点火系统故障诊断与排除	点火系统的检修	能对点火系统进行检修	点火系统的结构	实训/2 学时
6	照明与信号系统故障诊断与排除	照明与信号系统的检修	能对照明与信号系统进行检修	照明与信号系统的结构	实训/2 学时
7	汽车安全气囊系统故障诊断与排除	安全气囊系统的检修	能对安全气囊系统进行检修	安全气囊系统的结构	实训/2 学时
8	仪表与指示灯系统故障诊断与排除	仪表与指示灯系统的检修	能对仪表与指示灯系统进行检修	仪表与指示灯系统的结构	实训/2 学时
9	辅助电器设备故障诊断与排除	辅助电器设备的检修	能对辅助电器设备进行检修	辅助电器设备的结构	实训/2 学时
10	汽车电路连接更换	汽车电路的检修	能对汽车电路进行检修	汽车电路的结构	实训/2 学时

十、编制说明

在教学过程中，教师可以根据教学实施的实际情况，在保证教学效果的前提下，对课程内容以及学时分配进行适当的、灵活的调整。

第十一节 “汽车空调构造与维修”课程教学实施细则

一、基本信息

<table>
<tr><td>课程代码</td><td colspan="2">课程名称</td><td>学　分</td><td>总学时</td><td>理论学时</td><td>实践学时</td></tr>
<tr><td>C011</td><td colspan="2">汽车空调构造与维修</td><td>3</td><td>66</td><td>42</td><td>24</td></tr>
<tr><td colspan="2">课程类型</td><td colspan="3">课程性质</td><td>开课部门</td><td>开课学期</td></tr>
<tr><td colspan="2">理论+实践课</td><td colspan="3">专业主干课</td><td>汽车教研室</td><td>3</td></tr>
<tr><td>前导课程</td><td colspan="2">电工电子技术</td><td rowspan="2">适合对象</td><td colspan="3" rowspan="2">新能源汽车技术专业</td></tr>
<tr><td>后续课程</td><td colspan="2">毕业设计、毕业顶岗实习</td></tr>
</table>

二、课程设计思路

按照“以能力为本位，以职业实践为主线，以项目课程为主体”的要求，以工作任务为中心构建教学内容。

工作任务选取的基本依据是“汽车空调构造与维修”课程涉及的工作领域和工作任务范围，在具体设计过程中，以汽车空调设备为载体，使工作任务具体化，产生具体的学习任务。

在课程的设计上，注重职业道德的培养和职业素养的养成，以真实的案例为基础，设计了 8 个学习任务。

三、课程目标

通过本课程的学习，学生掌握汽车空调的结构和工作原理，掌握汽车空调的维护与检修方法。

（一）能力目标

（1）能熟练识别汽车空调各零部件和电路图。
（2）能熟练拆装汽车空调各部件及相关电路。
（3）会使用汽车专用万用表等专用仪器设备。
（4）能进行汽车空调常见故障的诊断与排除。

（5）能进行汽车空调各零部件的维护与保养。

（二）知识目标

（1）掌握汽车空调各零部件的结构与工作原理。
（2）熟练掌握汽车空调的维护、保养的流程。
（3）熟练掌握汽车空调故障产生的原因及诊断、检测的流程。

（三）素质目标

（1）具有严谨认真、实事求是的科学态度。
（2）能自主学习新知识、新技能。
（3）具有高度的职业责任心和安全意识，遵章守纪、规范操作。

四、课程内容及学时安排

<table>
<tr><th>序号</th><th>工作任务</th><th>学习内容及要求</th><th>学时</th></tr>
<tr><td rowspan="2">1</td><td rowspan="2">认识汽车空调</td><td>学习内容：
汽车空调基础部件/汽车空调技术/汽车空调的分类</td><td rowspan="2">4</td></tr>
<tr><td>具体要求：
1. 掌握汽车空调的特点与功能；
2. 了解汽车空调技术的发展与现状；
3. 熟悉汽车空调的分类</td></tr>
<tr><td rowspan="2">2</td><td rowspan="2">汽车空调的制冷原理</td><td>学习内容：
制冷循环的工作原理/制冷剂与冷冻机油</td><td rowspan="2">8</td></tr>
<tr><td>具体要求：
1. 掌握汽车空调制冷循环的工作原理；
2. 了解制冷剂与冷冻机油的性质、使用注意事项；
3. 了解制冷剂与冷冻机油的组成与分类情况</td></tr>
<tr><td rowspan="2">3</td><td rowspan="2">汽车空调的制冷系统构造</td><td>学习内容：
冷凝器、干燥器、膨胀阀、蒸发器等的结构与工作原理</td><td rowspan="2">14</td></tr>
<tr><td>具体要求：
1. 掌握冷凝器、干燥器、膨胀阀、蒸发器等的结构与工作原理；
2. 熟悉冷凝器、干燥器、膨胀阀、蒸发器拆装工艺及注意事项</td></tr>
<tr><td rowspan="2">4</td><td rowspan="2">汽车空调的取暖与配气系统</td><td>学习内容：
汽车空调配气系统组成与配气原理/独立式取暖系统的结构与工作原理</td><td rowspan="2">10</td></tr>
<tr><td>具体要求：
1. 熟悉汽车空调配气系统的组成与配气原理；
2. 了解独立式取暖系统的结构与工作原理</td></tr>
</table>

续表

序号	工作任务	学习内容及要求	学时
5	汽车空调系统的电气控制	学习内容： 汽车空调控制电路	8
		具体要求： 1. 熟悉汽车空调控制系统中常见元器件的故障诊断、维修及使用注意事项； 2. 了解一些新型控制元件的工作原理； 3. 能正确分析一般汽车空调控制电路的工作原理	
6	汽车空调自动控制系统	学习内容： 全自动空调的控制系统	8
		具体要求： 1. 熟悉全自动空调控制系统的控制元器件的结构与工作原理； 2. 能初步分析全自动空调控制系统的控制电路； 3. 利用自诊断系统和空调系统的电路图来诊断常见故障	
7	汽车空调维修保养技术	学习内容： 汽车空调检修	6
		具体要求： 1. 熟悉汽车空调检修的基本操作； 2. 掌握汽车空调性能的测试	
8	汽车空调故障判断与排除	学习内容： 汽车空调常见故障	8
		具体要求： 1. 汽车空调常见故障的判断及分析； 2. 汽车空调系统故障排除实例	

五、教材编写建议

在编写本课程教材时应充分考虑到一体化教学的特点，按任务或项目编写教材内容，教材选用应符合本实施细则的基本要求，优先选用省部级以上规划教材。

六、教学资源与其他

序号	教学资源类别	教学资料基本信息
1	教学场所	1. 多媒体教室； 2. 校内汽车电器实训室； 3. 校外汽车专业实训基地
2	主要参考教材	1. 《汽车空调》，机械工业出版社； 2. 《汽车空调构造与维修》，电子工业出版社
3	数字化资源	智慧职教、超星平台等

多媒体课件、视频、动画及各种常见车型的维修手册等。

七、教学方法与手段

（一）讲授法

采用讲授法介绍汽车空调组成部件的工作原理、维护和检修的方法。

（二）小组讨论法

给出实训项目后，进行分组讨论，制订实施方案，方案通过后，再按制定的方案实施该项目。

（三）角色扮演法

通过扮演不同的角色，让学生体会不同角色的作为和心理状态。

八、考核与评价

（一）考核方式

（1）考核评价=过程评价 50% + 阶段评价 50%。

（2）过程评价：采用学生出勤，学生作业，课程综合考核相结合。

（3）阶段评价=项目考核+职业资格考证+期末考核。

评价方式	评定项目	分数分配
平时考核	学生出勤 5%，学生作业 5%	10%
阶段性项目考核	评价学生对项目的掌握情况，每个子项目一个评价阶段，每个项目完成一套项目考核表	40%
期末考核	操作技能与知识考核相结合	50%
合　计		100%

（二）项目考核评价表

序号	工作任务	考核要求	评分标准	分数分配
1	认识汽车空调	学习态度好、回答问题正确、动手能力强、实验报告规范	满分 100 分	10%
2	汽车空调的制冷原理	学习态度好、回答问题正确、动手能力强、实验报告规范	满分 100 分	10%
3	汽车空调的制冷系统构造	学习态度好、回答问题正确、动手能力强、实验报告规范	满分 100 分	10%

续表

序号	工作任务	考核要求	评分标准	分数分配
4	汽车空调的取暖与配气系统	学习态度好、回答问题正确、动手能力强、实验报告规范	满分 100 分	10%
5	汽车空调系统的电气控制	学习态度好、回答问题正确、动手能力强、实验报告规范	满分 100 分	10%
6	汽车空调自动控制系统	学习态度好、回答问题正确、动手能力强、实验报告规范	满分 100 分	10%
7	汽车空调维修保养技术	学习态度好、回答问题正确、动手能力强、实验报告规范	满分 100 分	20%
8	汽车空调故障判断与排除	学习态度好、回答问题正确、动手能力强、实验报告规范	满分 100 分	20%
9	合　计			100%

九、课程训练项目设计参考方案

编号	能力训练项目名称	能力训练任务名称	拟实现的能力目标	相关支撑知识	教学方法与建议
1	汽车空调结构	汽车空调结构认识	能认识/理解汽车空调结构/名称和作用	汽车空调结构基础元件/结构/知识/原理	实训/4 学时
2	汽车空调制冷剂	制冷剂的加注	会进行汽车空调制冷剂加注	汽车空调制冷剂基本知识	实训/4 学时
3	汽车制冷系统机械部分故障检修	压缩机检修	能对压缩机进行检修	压缩机结构和工作原理	实训/4 学时
4	汽车空调控制系统故障检修	汽车空调控制电路分析	能分析汽车空调电路控制原理	汽车空调控制电路图	实训/4 学时
5	汽车空调保养	空调保养流程/方法	能进行汽车实用电路故障诊断与检修	汽车空调保养常用方法	实训/4 学时
6	汽车空调常见故障的判断及分析	汽车空调电路诊断与检修	能进行汽车空调实用电路故障诊断与检修	汽车空调电路常用诊断与检修方法	实训/4 学时

十、编制说明

在教学过程中，教师可以根据教学实施的实际情况，在保证教学效果的前提下，对课程内容以及学时分配进行适当的、灵活的调整。

第十二节 “汽车综合实训与考证”课程教学实施细则

一、基本信息

<table>
<tr><td>课程代码</td><td colspan="2">课程名称</td><td>学 分</td><td>总学时</td><td>理论学时</td><td>实践学时</td></tr>
<tr><td>C012</td><td colspan="2">汽车综合实训与考证</td><td>2</td><td>76</td><td></td><td>76</td></tr>
<tr><td colspan="2">课程类型</td><td colspan="3">课程性质</td><td>开课部门</td><td>开课学期</td></tr>
<tr><td colspan="2">实践课</td><td colspan="3">专业主干课</td><td>汽车教研室</td><td>4</td></tr>
<tr><td>前导课程</td><td colspan="2">发动机、底盘、电器、空调等构造与维修</td><td colspan="2" rowspan="2">适合对象</td><td colspan="2" rowspan="2">新能源汽车技术专业</td></tr>
<tr><td>后续课程</td><td colspan="2">毕业设计、毕业顶岗实习</td></tr>
</table>

二、课程设计思路

本课程是汽车检测与维修技术专业的一门纯实践课程，针对考证要求设置实训项目。

三、课程目标

（一）能力目标

（1）具备运用汽车检测维修的理论知识进行汽车的拆装检修维护、故障分析及诊断检测排除的技能。

（2）具备汽车设备仪器工具熟练使用、维护和修理的技能。

（二）知识目标

（1）掌握汽车机械、电子电器的基础知识。

（2）掌握汽车检修维护的工艺及相关知识。

（3）掌握汽车检测故障诊断的知识。

（4）掌握设备仪器工具的使用维修知识。

（三）素质目标

（1）具有严谨认真、实事求是的科学态度。

（2）能自主学习新知识，新技能。

（3）具有高度的职业责任心和安全意识，遵章守纪、规范操作。

四、课程内容及学时安排

序号	工作任务	学习内容及要求	学时
1	汽缸盖与配气机构的检修	学习内容： 汽缸盖与配气机构的检修方法	8
		具体要求： 能进行汽缸盖与配气机构故障判断及排除	
2	汽缸体与曲柄连杆机构检修	学习内容： 汽缸体与曲柄连杆机构的检修方法	8
		具体要求： 能进行汽缸体与曲柄连杆机构故障判断及排除	
3	燃油与进气系统检修	学习内容： 燃油与进气系统的检修方法	8
		具体要求： 能进行燃油与进气系统故障判断及排除	
4	冷却润滑系统检修	学习内容： 冷却润滑系统的检修方法	4
		具体要求： 能进行冷却润滑系统故障判断及排除	
5	点火系统维修	学习内容： 点火系统的检修方法	4
		具体要求： 能进行点火系统故障判断及排除	
6	离合器检修	学习内容： 离合器的检修方法	4
		具体要求： 能进行离合器故障判断及排除	
7	变速器检修	学习内容： 变速器的检修方法	8
		具体要求： 能进行变速器故障判断及排除	
8	驱动桥检修	学习内容： 驱动桥的检修方法	4
		具体要求： 能进行驱动桥故障判断及排除	

续表

序号	工作任务	学习内容及要求	学时
9	转向器检修	学习内容： 转向器的检修方法	4
		具体要求： 能进行转向器故障检修	
10	制动器与传动装置维修	学习内容： 制动器与传动装置的检修方法	4
		具体要求： 能进行制动器与传动装置故障判断及排除	
11	起动机检修	学习内容： 起动机的检修方法	4
		具体要求： 能进行起动机故障判断及排除	
12	发电机检修	学习内容： 发电机的检修方法	4
		具体要求： 能进行发电机的故障判断及排除	
13	空调制冷系统检修	学习内容： 空调制冷系统的检修方法	4
		具体要求： 能进行空调系统制冷故障判断及排除	
14	仪表检修	学习内容： 仪表的检修方法	4
		具体要求： 能进行仪表故障判断及排除	
15	灯光系统检修	学习内容： 灯光系统的检修方法	4
		具体要求： 能进行灯光系统故障检修	

五、教材编写与选用建议

教材选用应符合本实施细则的基本要求，优先选用省部级以上规划教材。

六、教学资源与其他

序号	教学资源类别	教学资料基本信息
1	教学场所	校内汽车实训室
2	主要参考教材	《汽车修理工（中级）》，中国劳动和社会保障出版社
3	数字化资源	智慧职教、超星平台等

七、教学方法与手段

（一）小组讨论法

给出实训项目后，进行分组讨论，制订实施方案，方案通过后，再按制定的方案实施该项目。

（二）角色扮演法

通过扮演不同的角色，让学生体会不同角色的作为和心理状态。

八、考核与评价

以证代考。

九、课程训练项目设计参考方案

编号	能力训练项目名称	能力训练任务名称	拟实现的能力目标	相关支撑知识	训练方式与建议
1	汽缸盖与配气机构的检修	汽缸盖与配气机构的检修	能进行汽缸盖与配气机构的故障判断及排除	汽缸盖与配气机构的检修方法	实训/4学时
2	汽缸体与曲柄连杆机构的检修	汽缸体与曲柄连杆机构的检修	能进行汽缸体与曲柄连杆机构的检修的故障判断及排除	汽缸体与曲柄连杆机构的检修方法	实训/4学时
3	燃油与进气系统的检修	燃油与进气系统的检修	能进行燃油与进气系统的检修的故障判断及排除	燃油与进气系统的检修方法	实训/4学时
4	冷却润滑系统的检修	冷却润滑系统的检修	能进行冷却润滑系统的检修的故障判断及排除	冷却润滑系统的检修方法	实训/4学时
5	点火系统的维修	点火系统的维修	能进行点火系统的维修的故障判断及排除	点火系统的维修的检修方法	实训/4学时
6	离合器的检修	离合器的检修	能进行离合器的检修的故障判断及排除	离合器的检修方法	实训/4学时
7	变速器的检修	变速器的检修	能进行变速器的检修的故障判断及排除	变速器的检修方法	实训/4学时
8	转向器的检修	转向器的检修	能进行转向器的检修的故障判断及排除	转向器的检修方法	实训/4学时
9	驱动桥的检修	驱动桥的检修	能进行驱动桥的检修	驱动桥的检修方法	实训/4学时

续表

编号	能力训练项目名称	能力训练任务名称	拟实现的能力目标	相关支撑知识	训练方式与建议
10	制动器与传动装置的维修	制动器与传动装置的维修	能进行制动器与传动装置的维修的故障判断及排除	制动器与传动装置的维修的检修方法	实训/4学时
11	起动机的检修	起动机的检修	能进行起动机的检修的故障判断及排除	起动机的检修方法	实训/4学时
12	发电机的检修	发电机的检修	能进行发电机的检修的故障判断及排除	发电机的检修方法	实训/4学时
13	空调制冷系统的检修	空调制冷系统的检修	能进行空调制冷系统的检修的故障判断及排除	空调制冷系统的检修方法	实训/4学时
14	仪表的检修	仪表的检修	能进行仪表的检修的故障判断及排除	仪表的检修方法	实训/4学时
15	灯光系统检修	灯光系统检修	能进行灯光系统检修的故障判断及排除	灯光系统检修方法	实训/4学时

十、编制说明

在教学过程中，教师可以根据教学实施的实际情况，在保证教学效果的前提下，对课程内容以及学时分配进行适当的、灵活的调整。

第十三节　“新能源汽车电机系统故障检修”课程教学实施细则

一、基本信息

<table>
<tr><td>课程代码</td><td>课程名称</td><td>学　分</td><td>总学时</td><td>理论学时</td><td>实践学时</td></tr>
<tr><td>C013</td><td>新能源汽车电机系统故障检修</td><td>3</td><td>66</td><td>46</td><td>20</td></tr>
<tr><td colspan="2">课程类型</td><td colspan="2">课程性质</td><td>开课部门</td><td>开课学期</td></tr>
<tr><td colspan="2">实践课</td><td colspan="2">专业主干课</td><td>汽车教研室</td><td>4</td></tr>
<tr><td>前导课程</td><td colspan="2">电工电子技术</td><td rowspan="2">适合对象</td><td colspan="2" rowspan="2">新能源汽车技术专业</td></tr>
<tr><td>后续课程</td><td colspan="2">毕业设计、毕业顶岗实习</td></tr>
</table>

二、课程设计思路

按照“以能力为本位，以职业实践为主线，以项目课程为主体”的要求，以工作任务为中心构建教学内容。

工作任务选取的基本依据是“新能源汽车车用电动机系统故障检修”课程涉及的工作领域和工作任务范围，在具体设计过程中，以新能源汽车车用电动机系统故障为载体，使工作任务具体化，产生具体的学习任务。

在课程的设计上，注重职业道德的培养和职业素养的养成，以真实的案例为基础，设计了 6 个学习任务。

三、课程目标

通过本课程的学习，学生掌握新能源汽车车用电动机的组成及工作原理，掌握新能源汽车车用电动机控制系统工作原理，掌握新能源汽车车用电动机系统故障检修方法。

（一）能力目标

（1）能熟练进行电动机的故障检修。

（2）能熟练进行电动机控制系统的故障检修。

（二）知识目标

（1）掌握新能源汽车车用电动机的组成及工作原理。
（2）熟练新能源汽车车用电动机控制系统的工作原理。
（3）新能源汽车车用电动机系统故障检修方法。

（三）素质目标

（1）具有严谨认真、实事求是的科学态度。
（2）能自主学习新知识、新技能。
（3）具有高度的职业责任心和安全意识，遵章守纪、规范操作。

四、课程内容及学时安排

序号	工作任务	学习内容及要求	学时
1	直流电动机驱动系统故障检修	学习内容： 1. 直流电动机的工作原理； 2. 直流电动机的结构类型； 3. 直流电动机的特性； 4. 直流电动机故障检修； 5. 直流电动机的控制	12
		具体要求： 掌握直流电动机的故障检修方法	
2	交流异步电动机驱动系统故障检修	学习内容： 1. 交流电动机的工作原理； 2. 交流电动机的结构类型； 3. 交流电动机的特性； 4. 交流电动机故障检修； 5. 直流电动机的控制	10
		具体要求： 掌握交流电动机的故障检修方法	
3	永磁电动机驱动系统故障检修	学习内容： 1. 永磁电动机的工作原理； 2. 永磁电动机的结构类型； 3. 永磁电动机的特性； 4. 永磁电动机故障检修； 5. 永磁电动机的控制	10
		具体要求： 掌握永磁电动机的故障检修方法	

续表

序号	工作任务	学习内容及要求	学时
4	开关磁阻电动机驱动系统故障检修	学习内容： 1. 开关磁阻电动机的工作原理； 2. 开关磁阻电动机的结构类型； 3. 开关磁阻电动机的特性； 4. 开关磁阻电动机故障检修； 5. 开关磁阻电动机的控制	12
		具体要求： 掌握开关磁阻电动机的故障检修方法	
5	车用电动机控制系统故障检修	学习内容： 1. 车用电动机控制系统的组成及工作原理； 2. 车用电动机控制系统的故障检修方法	8
		具体要求： 掌握驱动系统的故障检修方法	
6	车用电动机系统一般故障检修	学习内容： 1. 车用电动机系统一般故障表征； 2. 车用电动机系统一般故障检修	12
		具体要求： 掌握车用电动机系统一般故障检修的检修方法	

五、教材编写与选用建议

教材选用应符合本实施细则的基本要求，优先选用省部级以上规划教材。

六、教学资源与其他

序号	教学资源类别	教学资料基本信息
1	教学场所	1. 多媒体教室； 2. 校内实训室
2	主要参考教材	《新能源汽车电机系统故障检修》，机械工业出版社
3	数字化资源	智慧职教、超星平台等

七、教学方法与手段

（1）根据课程内容和学生特点，灵活运用案例分析、分组讨论、启发引导教学方法，引导学生积极思考、乐于实践，提高教学效果。

（2）注重学习对象与实际工作的一致性，有针对性地采用任务驱动等教学模式

（3）在教学过程中，注意教学内容紧贴汽车技术发展的最新成果，着眼学生职业生涯的发展，致力于培养学生对以后工作的兴趣，积极引导学生提升自身职业素养和职业道德水平。

八、考核与评价

（一）考核方式

（1）考核评价=过程评价 40% +阶段评价 60%。

（2）过程评价：采用学生出勤，学生作业，平时测评相结合。

（3）阶段评价：期末笔试或省级以上竞赛获奖。

评价方式	评定项目	满分为 100 分
平时考核	学生出勤 5%，学生作业 5%	10%
阶段性项目考核	评价学生对项目的掌握情况，每个项目一个评价阶段，每个项目完成一套考核表	40%
期末考核	操作技能与知识考核相结合	50%
合　计		100%

（二）项目考核评价表

序号	工作任务	考核要求	评分标准	分数分配
1	直流电动机的故障检修	学习态度好、回答问题正确、动手能力强、实验报告规范	满分 100 分	15%
2	交流电动机的故障检修	学习态度好、回答问题正确、动手能力强、实验报告规范	满分 100 分	15%
3	永磁电动机的故障检修	学习态度好、回答问题正确、动手能力强、实验报告规范	满分 100 分	15%
4	开关磁阻电动机的故障检修	学习态度好、回答问题正确、动手能力强、实验报告规范	满分 100 分	15%
5	车用电动机控制系统故障检修	学习态度好、回答问题正确、动手能力强、实验报告规范	满分 100 分	20%
6	车用电动机系统一般故障检修	学习态度好、回答问题正确、动手能力强、实验报告规范	满分 100 分	20%
7	合计			100%

九、课程训练项目设计参考方案

编号	能力训练项目名称	能力训练任务名称	拟实现的能力目标	相关支撑知识	训练方式与建议
1	直流电动机的故障检修	直流电动机的故障检修	能完成直流电动机的故障检修	直流电动机的故障检修方法	实训/2 学时
2	交流电动机的故障检修	交流电动机的故障检修	能完成交流电动机的故障检修	交流电动机的故障检修方法	实训/2 学时
3	永磁电动机的故障检修	永磁电动机的故障检修	能完成永磁电动机的故障检修	永磁电动机的故障检修方法	实训/4 学时
4	开关磁阻电动机的故障检修	开关磁阻电动机的故障检修	能完成开关磁阻电动机的故障检修	开关磁阻电动机的故障检修方法	实训/4 学时
5	车用电动机控制系统故障检修	车用电动机控制系统故障检修	能完成车用电动机控制系统故障检修	车用电动机控制系统故障检修方法	实训/4 学时
6	车用电动机系统一般故障检修	车用电动机系统一般故障检修	能完成车用电动机系统一般故障检修	车用电动机系统一般故障检修方法	实训/4 学时

十、编制说明

在教学过程中，教师可以根据教学实施的实际情况，在保证教学效果的前提下，对课程内容以及学时分配进行适当的、灵活的调整。

第十四节　“新能源汽车故障与诊断技术”课程教学实施细则

一、基本信息

<table>
<tr><td>课程代码</td><td colspan="2">课程名称</td><td>学　分</td><td>总学时</td><td>理论学时</td><td>实践学时</td></tr>
<tr><td>C014</td><td colspan="2">新能源汽车故障与诊断技术</td><td>3</td><td>66</td><td>36</td><td>30</td></tr>
<tr><td colspan="2">课程类型</td><td colspan="3">课程性质</td><td>开课部门</td><td>开课学期</td></tr>
<tr><td colspan="2">实践课</td><td colspan="3">专业主干课</td><td>汽车教研室</td><td>4</td></tr>
<tr><td>前导课程</td><td colspan="2">发动机、底盘、电器、空调等构造与维修</td><td rowspan="2" colspan="2">适合对象</td><td rowspan="2" colspan="2">新能源汽车技术专业</td></tr>
<tr><td>后续课程</td><td colspan="2">毕业设计、毕业顶岗实习</td></tr>
</table>

二、课程设计思路

按照“以能力为本位，以职业实践为主线，以项目课程为主体”的要求，以工作任务为中心构建教学内容。

工作任务选取的基本依据是“新能源汽车故障与诊断技术”课程涉及的工作领域和工作任务范围，在具体设计过程中，以汽车常见故障为载体，使工作任务具体化，产生具体的学习任务。

在课程的设计上，注重职业道德的培养和职业素养的养成，以真实的案例为基础，设计了汽车诊断仪器的使用、新能源汽车动力系统故障诊断、新能源汽车底盘故障诊断、新能源汽车电路故障诊断和新能源汽车综合故障诊断等5个学习任务。

三、课程目标

通过本课程的学习，掌握新能源汽车检测仪器的使用方法，掌握新能源汽车常见故障诊断与排除方法。

（一）能力目标

（1）能够正确使用各种诊断检测仪器和设备。

（2）能够根据故障现象分析故障原因。

（3）熟练制订正确的诊断操作流程。

（4）能够通过仪器检测和数据分析，确定故障部位。
（5）熟练完成故障排除的任务。

（二）知识目标

（1）新能源汽车动力系统常见故障与诊断。
（2）新能源汽车底盘常见故障与诊断。
（3）新能源汽车电路常见故障与诊断。
（4）电池系统常见故障与诊断。
（5）汽车综合故障诊断。

（三）素质目标

（1）具有严谨认真、实事求是的科学态度。
（2）能自主学习新知识、新技能。
（3）具有高度的职业责任心和安全意识，遵章守纪、规范操作。

四、课程内容目标及学时安排

<table>
<tr><th>序号</th><th>工作任务</th><th>主要学习内容及要求</th><th>学时</th></tr>
<tr><td rowspan="2">1</td><td rowspan="2">汽车诊断仪器的使用</td><td>学习内容：
1. 常用诊断仪器的工作原理及使用方法；
2. 常用诊断仪器的使用</td><td rowspan="2">2</td></tr>
<tr><td>具体要求：
1. 了解诊断仪器的工作原理；
2. 掌握诊断仪器的使用方法</td></tr>
<tr><td rowspan="2">2</td><td rowspan="2">新能源动力故障诊断</td><td>学习内容：
1. 启动系统故障诊断分析；
2. 启动系统故障检修；
3. 点火系统故障诊断分析；
4. 点火系统故障检修；
5. 空气供给系统故障诊断分析；
6. 空气供给系统故障检修；
7. 燃油喷射系统故障诊断分析；
8. 燃油喷射系统故障检修；
9. 怠速控制系统故障诊断分析；
10. 怠速控制系统故障检修；
11. 冷却系统故障诊断分析；
12. 冷却系统故障检修；
13. 润滑系统故障诊断分析；
14. 润滑系统故障检修；
15. 电动机故障检修</td><td rowspan="2">18</td></tr>
<tr><td>具体要求：
1. 掌握新能源汽车动力系统故障诊断流程；
2. 掌握新能源汽车动力故障诊断与排除方法</td></tr>
</table>

续表

序号	工作任务	主要学习内容及要求	学时
3	新能源汽车底盘的故障诊断	学习内容： 1. 行驶系统故障诊断分析； 2. 行驶系统故障检修； 3. 转向系统故障诊断分析； 4. 转向系统故障检修； 5. 制动系统故障诊断分析； 6. 制动系统故障检修	18
		具体要求： 1. 掌握汽车底盘故障诊断流程； 2. 掌握汽车底盘故障诊断与排除方法	
4	新能源汽车电路故障诊断	学习内容： 1. 动力电池及充电电路的故障诊断分析； 2. 动力电池及充电电路的故障检修； 3. 汽车照明系统故障诊断分析； 4. 汽车照明系统故障检修； 5. 汽车仪表系统故障诊断分析； 6. 汽车仪表系统故障检修	10
		具体要求： 1. 掌握汽车电路故障诊断流程； 2. 掌握汽车电路故障诊断与排除方法	
5	新能源汽车车身系统的维护与检修	学习内容： 1. 电动门窗的故障诊断分析； 2. 电动门窗的故障检修； 3. 电动座椅故障诊断分析； 4. 电动座椅故障检修； 5. 音响系统故障诊断分析； 6. 音响系统故障检修； 7. 汽车空调系统的故障诊断分析； 8. 汽车空调系统的故障检修	10
		具体要求： 1. 掌握汽车车身系统故障诊断流程； 2. 掌握汽车车身系统故障诊断与排除方法	
6	汽车综合故障诊断	学习内容： 1. 新能源汽车无法行驶的故障原因和诊断分析； 2. 新能源汽车动力不足的故障原因和诊断分析； 3. 发动机异响的故障原因和诊断分析； 4. 汽车行驶跑偏的故障原因和诊断分析； 5. 电子控制系统的故障原因和诊断分析	8
		具体要求： 1. 掌握汽车综合故障诊断流程； 2. 掌握汽车综合故障诊断与排除方法	

五、教材编写建议

由于本课程采用一体化教学，在编写教材时应充分考虑一体化教学的特点，按任务或项目编写教材内容，教材选用应符合本实施细则的基本要求，优先选用省部级以上规划教材。

六、教学资源与其他

序号	教学资源类别	教学资料基本信息
1	教学场所	1. 多媒体教室； 2. 校内新能源汽车实训室； 3. 校外新能源汽车专业实训基地
2	主要参考教材	1. 《新能源汽车综合故障诊断与排除》，天津科学技术出版社； 2. 《汽车故障诊断与检测技术》，机械工业出版社
3	数字化资源	智慧职教、超星平台等

多媒体课件、视频、动画及各种常见车型的维修手册等。

七、教学方法与手段

（一）讲授法

采用讲授法介绍故障检测的原理和方法。

（二）小组讨论法

给出实训项目后，进行分组讨论，制订实施方案，方案通过后，再按制定的方案实施该项目。

（三）角色扮演法

通过扮演不同的角色，让学生体会不同角色的作为和心理状态。

八、考核与评价

（一）考核方式

（1）考核评价=过程评价 50%＋ 阶段评价 50%。

（2）过程评价：采用学生出勤，学生作业，课程综合考核相结合。

（3）阶段评价=项目考核+职业资格考证+期末考核。

评价方式	评定项目	分数分配
平时考核	学生出勤 5%，学生作业 5%。	10%
阶段性项目考核	评价学生对项目的掌握情况，每个子项目一个评价阶段，每个项目完成一套项目考核表	40%
期末考核	操作技能与知识考核相结合	50%
合　计		100%

（二）项目考核评价表

序号	工作任务	考核要求	评分标准	分数分配
1	汽车发动机故障诊断	学习态度好、回答问题正确、动手能力强、实验报告规范	满分 100 分	30%
2	汽车底盘故障诊断	学习态度好、回答问题正确、动手能力强、实验报告规范	满分 100 分	30%
3	汽车电路故障诊断	学习态度好、回答问题正确、动手能力强、实验报告规范	满分 100 分	20%
4	汽车车身故障诊断	学习态度好、回答问题正确、动手能力强、实验报告规范	满分 100 分	10%
5	汽车综合故障诊断	学习态度好、回答问题正确、动手能力强、实验报告规范	满分 100 分	10%
6	合　计			100%

九、课程训练项目设计参考方案

编号	能力训练项目名称	能力训练任务名称	拟实现的能力目标	相关支撑知识	教学方法与建议
1	汽车诊断仪器的使用	使用汽车诊断仪器	正确使用汽车诊断仪器	汽车诊断仪器及使用方法	实训/2学时
2	汽车发动机故障诊断	点火系统故障检修	点火系统故障检修方法	点火系统故障诊断分析	实训/2学时
		空气供给系统故障检修	空气供给系统故障检修方法	空气供给系统故障诊断分析	实训/2学时
		燃油喷射系统故障检修	燃油喷射系统故障检修方法	燃油喷射系统故障诊断分析	实训/2学时
		怠速控制系统故障检修	怠速控制系统故障检修方法	怠速控制系统故障诊断分析	实训/2学时
3	汽车底盘的故障诊断	行驶系统故障检修	行驶系统故障检修方法	行驶系统故障诊断	实训/2学时
		转向系统故障检修	转向系统故障检修方法	转向系统故障诊断	实训/2学时
		制动系统故障检修	制动系统故障检修方法	制动系统故障诊断	实训/2学时
4	汽车电路故障诊断	动力电池及充电电路的故障检修	动力电池及充电电路的故障检修方法	动力电池及充电电路的故障诊断	实训/2学时
		汽车照明系统的故障诊断检修	汽车照明系统的故障诊断检修方法	汽车照明系统的故障诊断	实训/2学时
		汽车仪表系统的故障检修	汽车仪表系统的故障检修方法	汽车仪表系统的故障诊断	实训/2学时
5	汽车车身系统的维护与检修	电动座椅的故障诊断检修	电动座椅的故障诊断检修方法	电动座椅的故障诊断	实训/2学时
		音响系统的故障检修	音响系统的故障检修方法	音响系统的故障诊断	实训/2学时
		汽车空调系统的故障检修	汽车空调系统的故障检修	汽车空调系统的故障诊断	实训/2学时

十、编制说明

在教学过程中，教师可以根据教学实施的实际情况，在保证教学效果的前提下，对课程内容以及学时分配进行适当的、灵活的调整。

第十五节 “汽车专业英语”课程教学实施细则

一、基本信息

<table>
<tr><td>课程代码</td><td colspan="2">课程名称</td><td>学 分</td><td>总学时</td><td>理论学时</td><td>实践学时</td></tr>
<tr><td>C015</td><td colspan="2">汽车专业英语</td><td>2</td><td>32</td><td>28</td><td>4</td></tr>
<tr><td colspan="3">课程类型</td><td colspan="2">课程性质</td><td>开课部门</td><td>开课学期</td></tr>
<tr><td colspan="3">理论+实践课</td><td colspan="2">专业主干课</td><td>汽车教研室</td><td>4</td></tr>
<tr><td>前导课程</td><td colspan="2">高职英语</td><td rowspan="2">适合对象</td><td colspan="3" rowspan="2">新能源汽车技术专业</td></tr>
<tr><td>后续课程</td><td colspan="2">毕业设计、毕业顶岗实习</td></tr>
</table>

二、课程设计思路

按照“以能力为本位，以职业实践为主线，以项目课程为主体”的要求，以工作任务为中心构建教学内容。

工作任务选取的基本依据是“汽车专业英语”课程涉及的工作领域和工作任务范围，在具体设计过程中，以汽车构件为载体，使工作任务具体化，产生具体的学习任务。

在课程的设计上，注重职业道德的培养和职业素养的养成。

三、课程目标

（一）能力目标

（1）掌握常用汽车专业词汇。

（2）能用英语进行汽车维修、检测等方面的沟通和交流。

（3）能阅读和翻译汽车专业的相关资料。

（二）知识目标

（1）掌握英语语法基本的理论知识，掌握专业英语独特的句式结构。

（2）掌握专业英语的翻译技巧，掌握汽车英语术语的表达。

（3）掌握汽车的各部分构成及工作原理和功能的英语表达。

（三）素质目标

（1）具有严谨认真、实事求是的科学态度。

（2）具有团队精神和协作精神。

（3）具有良好的心理素质和克服困难的能力。

（4）具有高度的职业责任心和安全意识，遵章守纪、规范操作。

四、课程内容及学时安排

<table>
<tr><th>序号</th><th>工作任务</th><th>学习内容及要求</th><th>学时</th></tr>
<tr><td rowspan="2">1</td><td rowspan="2">汽车相关信息</td><td>学习内容：
1. 汽车英文符号；
2. 汽车英文认证牌；
3. 汽车英文粘贴牌</td><td rowspan="2">2</td></tr>
<tr><td>具体要求：
1. 能够识读汽车符号的英文单词；
2. 读懂汽车认证牌，粘贴牌上的英文信息</td></tr>
<tr><td rowspan="2">2</td><td rowspan="2">汽车发动机单词图解</td><td>学习内容：
汽车发动机各部件英文单词及相关部件工作原理</td><td rowspan="2">4</td></tr>
<tr><td>具体要求：
1. 熟练读写正时带相关部件的单词；
2. 熟练读写智能型可变气门定时和升程机构相关部件的单词；
3. 熟练读写缸盖相关部件的单词；
4. 熟练读写缸体相关部件的单词</td></tr>
<tr><td rowspan="2">3</td><td rowspan="2">汽车传动系统单词图解</td><td>学习内容：
汽车传动系统英文单词及相关部件工作原理</td><td rowspan="2">4</td></tr>
<tr><td>具体要求：
1. 熟练读写汽车离合器组件单词；
2. 熟练读写手动变速器组件单词；
3. 熟练读写限滑式差速器单词；
4. 熟练读写传动轴组件单词；
5. 熟练读写自动变速驱动桥部件单词</td></tr>
<tr><td rowspan="2">4</td><td rowspan="2">汽车悬架和转向系统单词图解</td><td>学习内容：
汽车悬架和转向系统英文单词及相关部件工作原理</td><td rowspan="2">4</td></tr>
<tr><td>具体要求：
1. 熟练读写螺旋弹簧减振器部件单词；
2. 熟练读写动力转向叶片泵部件单词；
3. 熟练读写齿轮齿条转向器单词；
4. 熟练读写循环球式转向器单词。</td></tr>
</table>

续表

序号	工作任务	学习内容及要求	学时
5	汽车制动系统单词图解	学习内容： 汽车制动系统英文单词及相关部件工作原理； 具体要求： 1. 熟练读写制动主缸（刹车总泵）相关部件单词； 2. 熟练读写制动执行器相关部件单词； 3. 熟练读写盘式制动器单词； 4. 熟练读写鼓式制动器单词	2
6	汽车车身装饰件单词图解	学习内容： 汽车车身装饰件英文单词及相关短语 具体内容： 1. 熟练读写前保险杠组件单词； 2. 熟练读写前座椅总成单词； 3. 熟练读写车窗玻璃组件单词； 4. 熟练读写车门（前）组件单词	2
7	汽车电器系统单词图解	学习内容： 汽车电器系统英文单词及相关部件工作原理 具体要求： 1. 掌握熟练读写分电器、发电机、电控燃油喷射系统单词； 2. 熟练读写带辅助制动和电子制动力分配的防抱死制动系统、电子控制自动变速驱动桥、空调系统的单词； 3. 熟练读写辅助保护系统、无线门锁控制系统的单词	2
8	各系统故障码英汉对照	学习内容： 各系统故障码的英汉对照 具体要求： 1. 熟练阅读运行性能和排放控制（通用）、电子控制柴油机系统（丰田）、防抱死制动系统、防抱死制动系统的故障码英文资料； 2. 熟练阅读电子控制自动变速驱动桥（ECT）、安全气囊系统	4
9	典型汽车英文资料解读	学习内容： 车主手册、教学汽车维修手册、电路图、培训教材等的英文解读，适当增加课外相关车型的英文资料 具体要求： 1. 熟练阅读车主手册、汽车维修手册英文资料； 2. 熟练阅读培训教材英文资料	8

五、教材编写与选用建议

在编写教材是应充分考虑教学的特点，按任务或项目编写教材内容，教材选用应符合本实施细则的基本要求，优先选用省部级以上规划教材。

六、教学资源与其他

序号	教学资源类别	教学资料基本信息
1	教学场所	1. 多媒体教室； 2. 校内汽车实训室； 3. 校外计算机专业实训基地
2	主要参考教材	1.《实用汽车维修英语》，机械工业出版社； 2.《汽车专业英语》，高等教育出版社； 3.《汽车专业英语》，机械工业出版社
3	数字化资源	智慧职教、超星平台等

七、教学方法与手段

（一）多媒体教学

（二）小组讨论法

（三）角色扮演法

八、考核与评价

（一）考核方式

（1）考核评价=过程评价 50%＋ 阶段评价 50%。

（2）过程评价：采用学生出勤，学生作业，平时测评相结合。

（3）阶段评价：期末笔试或省级以上竞赛获奖。

（二）考核评价表

评价方式	平时考核			期末考试						合计
	学生出勤	学生作业	平时测评	任务 1	任务 2	任务 3	任务 4	任务 5	任务 6	
分数分配	10%	10%	30%	5%	10%	10%	10%	10%	5%	100%

九、课程训练项目设计参考方案

编号	能力训练项目名称	能力训练任务名称	拟实现的能力目标	相关支撑知识	训练方式与建议
1	各系统故障码英汉对照	各系统故障码英汉对照	熟练阅读电子控制自动变速驱动桥（ECT）、安全气囊系统	各系统故障码英汉对照	实训/2学时
2	典型汽车英文资料解读	典型汽车英文资料解读	熟练阅读车主手册、汽车维修手册英文资料	车主手册、教学汽车维修手册、电路图、培训教材等的英文解读，适当增加课外相关车型的英文资料	实训/2学时

十、编制说明

在教学过程中，教师可以根据教学实施的实际情况，在保证教学效果的前提下，对课程内容以及学时分配进行适当的、灵活的调整。

第十六节 “动力电池系统故障检修”课程教学实施细则

一、基本信息

<table>
<tr><td>课程代码</td><td colspan="2">课程名称</td><td>学 分</td><td>总学时</td><td>理论学时</td><td>实践学时</td></tr>
<tr><td>C017</td><td colspan="2">动力电池系统故障检修</td><td>3</td><td>66</td><td>40</td><td>26</td></tr>
<tr><td colspan="2">课程类型</td><td colspan="3">课程性质</td><td>开课部门</td><td>开课学期</td></tr>
<tr><td colspan="2">实践课</td><td colspan="3">专业主干课</td><td>汽车教研室</td><td>4</td></tr>
<tr><td>前导课程</td><td colspan="2">电工电子技术</td><td colspan="2" rowspan="2">适合对象</td><td colspan="2" rowspan="2">新能源汽车技术专业</td></tr>
<tr><td>后续课程</td><td colspan="2">毕业设计、毕业顶岗实习</td></tr>
</table>

二、课程设计思路

按照“以能力为本位，以职业实践为主线，以项目课程为主体”的要求，以工作任务为中心构建教学内容。

工作任务选取的基本依据是“动力电池系统故障检修”课程涉及的工作领域和工作任务范围，在具体设计过程中，以动力电池系统故障为载体，使工作任务具体化，产生具体的学习任务。

在课程的设计上，注重职业道德的培养和职业素养的养成，以真实的案例为基础，设计了4个学习任务。

三、课程目标

本课程的主要内容是介绍新能源汽车动力电池的种类、工作原理及故障检修方法。通过本课程的教学，使学员掌握新能源汽车动力电池的种类、工作原理和检修方法，具备动力电池系统电路的安装和测试能力，培养学员分析问题和解决问题的能力，为后续专业课学习打下必备的基础。

（一）能力目标

（1）培养学生分析和解决实际问题的能力。

（2）培养学生正确使用检测设备的能力。

（3）培养学生灵活运用检测设备完成汽动力电池系统车故障判断分析的能力

（二）知识目标

（1）具有新能源汽车动力电池的基本理论知识。
（2）掌握各种检动力电池的检修方法，掌握检测参数分析方法。
（3）学会设备的使用及调试，通过检测参数简单地分析判断控制系统故障的范围。

（三）素质目标

（1）具有严谨认真、实事求是的科学态度。
（2）能自主学习新知识、新技能。
（3）具有高度的职业责任心和安全意识，遵章守纪、规范操作。

四、课程内容及学时安排

序号	工作任务	学习内容及要求	学时
1	动力电池系统的构造与工作原理	学习内容： 1. 铅酸电池； 2. 镍氢电池； 3. 镍镉及镍锌电池； 4. 锂离子电池； 5. 锌空气电池及铝空气电池	22
		具体要求： 掌握动力电池的结构与工作原理	
2	动力电池的充电	学习内容： 1. 动力电池的基本充电方法； 2. 充电可接受电流与快速充电	6
		具体要求： 掌握动力电池的充电方法	
3	动力电池性能与状态的测试	学习内容： 1. 动力电池性能检测的相关标准； 2. 动力电池充放电性能的测试； 3. 动力电池容量的测定； 4. 动力电池寿命的测定； 5. 动力电池内阻及自放电的测定； 6. 动力电池安全性能的测试； 7. 动力电池荷电状态 SOC 的检测方法	20
		具体要求： 掌握蓄电池性能与状态的测试方法	

续表

序号	工作任务	学习内容及要求	学时
4	动力电池控制系统检修	学习内容： 1. 动力电池控制系统的组成； 2. 动力控制系统检修方法	18
		具体要求： 掌握动力控制系统检修方法	

五、教材编写建议

由于本课程采用一体化教学，在编写教材是应充分考虑一体化教学的特点，按任务或项目编写教材内容，教材选用应符合本实施细则的基本要求，优先选用省部级以上规划教材。

六、教学资源与其他

序号	教学资源类别	教学资料基本信息
1	教学场所	1. 多媒体教室； 2. 校内新能源汽车电器实训室； 3. 校外新能源汽车专业实训基地
2	主要参考教材	
3	数字化资源	专业汽车网站

多媒体课件、视频、动画及各种常见车型的维修手册等。

七、教学方法与手段

（一）讲授法

采用讲授法介绍工作原理、故障检修的方法与步骤。

（二）小组讨论法

给出实训项目后，进行分组讨论，制订实施方案，方案通过后，再按制定的方案实施该项目。

（三）角色扮演法

通过扮演不同的角色，让学生体会不同角色的作为和心理状态。

八、考核与评价

（一）考核方式

（1）考核评价=过程评价 50% + 阶段评价 50%。

（2）过程评价：采用学生出勤，学生作业，课程综合考核相结合。

（3）阶段评价=项目考核+职业资格考证+期末考核。

评价方式	评定项目	分数分配
平时考核	学生出勤 5%，学生作业 5%。	10%
阶段性项目考核	评价学生对项目的掌握情况，每个子项目一个评价阶段，每个项目完成一套项目考核表	40%
期末考核	操作技能与知识考核相结合	50%
合　计		100%

（二）项目考核评价表

序号	工作任务	考核要求	评分标准	分数分配
1	动力电池的充电	学习态度好、回答问题正确、动手能力强、实验报告规范	满分 100 分	10%
2	动力电池充放电性能的测试	学习态度好、回答问题正确、动手能力强、实验报告规范	满分 100 分	10%
3	动力电池容量的测定	学习态度好、回答问题正确、动手能力强、实验报告规范	满分 100 分	20%
4	动力电池寿命的测定	学习态度好、回答问题正确、动手能力强、实验报告规范	满分 100 分	20%
5	动力电池内阻及自放电的测定	学习态度好、回答问题正确、动手能力强、实验报告规范	满分 100 分	10%
6	动力电池安全性能的测试	学习态度好、回答问题正确、动手能力强、实验报告规范	满分 100 分	10%
7	动力电池荷电状态 SOC 的检测方法	学习态度好、回答问题正确、动手能力强、实验报告规范	满分 100 分	10%
8	动力电池控制系统检修	学习态度好、回答问题正确、动手能力强、实验报告规范	满分 100 分	10%
9	合　计			100%

九、课程训练项目设计参考方案

编号	能力训练项目名称	能力训练任务名称	拟实现的能力目标	相关支撑知识	教学方法与建议
1	动力电池的充电	动力电池的充电	能够进行动力电池的充电	动力电池的充电方法	实训/2学时
2	动力电池充放电性能的测试	动力电池充放电性能的测试	能够进行动力电池充放电性能的测试	动力电池充放电性能的测试方法	实训/4学时
3	动力电池容量的测定	动力电池容量的测定	能够进行动力电池容量的测定	动力电池容量的测定方法	实训/4学时
4	动力电池寿命的测定	动力电池寿命的测定	能够进行动力电池寿命的测定	动力电池寿命的测定方法	实训/4学时
5	动力电池内阻及自放电的测定	动力电池内阻及自放电的测定	能够进行动力电池内阻及自放电的测定	动力电池内阻及自放电的测定方法	实训/4学时
6	动力电池安全性能的测试	动力电池安全性能的测试	能够进行动力电池安全性能的测试	动力电池安全性能的测试方法	实训/4学时
7	动力电池荷电状态SOC的检测方法	动力电池荷电状态SOC的检测方法	能够进行动力电池荷电状态SOC的检测方法	动力电池荷电状态SOC的检测方法	实训/2学时
8	动力电池控制系统检修	动力电池控制系统检修	能够进行动力电池控制系统检修	动力电池控制系统检修方法	实训/2学时

十、编制说明

在教学过程中，教师可以根据教学实施的实际情况，在保证教学效果的前提下，对课程内容以及学时分配进行适当的、灵活的调整。

第十七节　“新能源汽车电子控制系统故障检修”课程教学实施细则

一、基本信息

<table>
<tr><td>课程代码</td><td colspan="2">课程名称</td><td>学　分</td><td>总学时</td><td>理论学时</td><td>实践学时</td></tr>
<tr><td>C017</td><td colspan="2">新能源汽车电子控制系统故障检修</td><td>3</td><td>66</td><td>36</td><td>30</td></tr>
<tr><td colspan="2">课程类型</td><td colspan="3">课程性质</td><td>开课部门</td><td>开课学期</td></tr>
<tr><td colspan="2">理论+实践课</td><td colspan="3">专业主干课</td><td>汽车教研室</td><td>4</td></tr>
<tr><td>前导课程</td><td colspan="2">电工电子技术</td><td colspan="2" rowspan="2">适合对象</td><td colspan="2" rowspan="2">新能源汽车技术专业</td></tr>
<tr><td>后续课程</td><td colspan="2">毕业设计、毕业顶岗实习</td></tr>
</table>

二、课程设计思路

按照“以能力为本位，以职业实践为主线，以项目课程为主体”的要求，以工作任务为中心构建教学内容。

工作任务选取的基本依据是“新能源汽车电子控制系统故障检修”课程涉及的工作领域和工作任务范围，在具体设计过程中，以新能源汽车电子控制系统故障为载体，使工作任务具体化，产生具体的学习任务。

在课程的设计上，注重职业道德的培养和职业素养的养成，以真实的案例为基础，设计了 5 个学习任务。

三、课程目标

通过本课程的学习，学生能掌握混合动力汽车故障检修过程，掌握混合动力汽车故障检修方法。

（一）能力目标

（1）能掌握新能源汽车电子控制系统故障检修过程。

（2）能熟练进行新能源汽车电子控制系统故障检修。

（二）知识目标

（1）掌握新能源汽车电子控制系统组成及工作原理。
（2）熟练掌握新能源汽车电子控制系统故障检修方法。

（三）素质目标

（1）具有严谨认真、实事求是的科学态度。
（2）能自主学习新知识、新技能。
（3）具有高度的职业责任心和安全意识，遵章守纪、规范操作。

四、课程内容及学时安排

序号	工作任务	学习内容及要求	学时
1	新能源汽车电子控制系统概述	学习内容： 1. 新能源汽车电子控制系统的组成； 2. 新能源汽车电子控制系统发展过程	4
		具体要求： 了解新能源汽车电子控制系统的组成及发展过程	
2	动力传动装置控制系统的故障检修	学习内容： 1. 动力传动装置控制系统的组成及工作原理； 2. 动力传动装置控制系统的故障检修	22
		具体要求： 1. 掌握动力传动装置控制系统组成及工作原理； 2. 掌握动力传动装置控制系统故障检修方法	
3	底盘电子控制系统的故障检修	学习内容： 1. 底盘电子控制系统的组成及工作原理； 2. 底盘电子控制系统的故障检修	18
		具体要求： 1. 掌握底盘电子控制系统组成及工作原理； 2. 掌握底盘电子控制系统故障检修方法	
4	汽车信息电子控制系统故障检修	学习内容： 1. 汽车信息电子控制系统的组成及工作原理； 2. 汽车信息电子控制系统的故障检修	10
		具体要求： 1. 掌握汽车信息电子控制系统组成及工作原理； 2. 掌握汽车信息电子控制系统故障检修方法	
5	车辆综合控制系统故障检修	学习内容： 1. 车辆综合控制系统的组成及工作原理； 2. 车辆综合控制系统的故障检修	12
		具体要求： 1. 掌握车辆综合控制系统组成及工作原理； 2. 掌握汽车辆综合控制系统故障检修方法	

五、教材编写与选用建议

教材选用应符合本实施细则的基本要求，优先选用省部级以上规划教材。

六、教学资源与其他

序号	教学资源类别	教学资料基本信息
1	教学场所	1. 多媒体教室； 2. 校内实训室
2	主要参考教材	《新能源汽车电控技术》，机械工业出版社
3	数字化资源	智慧职教、超星平台等

七、教学方法与手段

（1）根据课程内容和学生特点，灵活运用案例分析、分组讨论、启发引导教学方法，引导学生积极思考、乐于实践，提高教学效果。

（2）注重学习对象与实际工作的一致性，有针对性地采用任务驱动等教学模式。

（3）在教学过程中，注意教学内容紧贴汽车技术发展的最新成果，着眼学生职业生涯的发展，致力培养学生对以后工作的兴趣，积极引导学生提升自身职业素养和职业道德水平。

八、考核与评价

（一）考核方式

（1）考核评价=过程评价 40%＋ 阶段评价 60%。

（2）过程评价：采用学生出勤，学生作业，平时测评相结合。

（3）阶段评价：期末笔试或在省级以上竞赛获奖。

（二）考核评价表

评价方式	平时考核			期末考试					竞赛	合计
	学生出勤	学生作业	实训	任务 1	任务 2	任务 3	任务 4	任务 5		
分数分配	10%	10%	20%	6%	18%	12%	12%	12%		100%

九、课程训练项目设计参考方案

编号	能力训练项目名称	能力训练任务名称	拟实现的能力目标	相关支撑知识	训练方式与建议
1	动力传动装置控制系统的故障检修	动力传动装置的故障检修	能完成动力传动装置拆装检查	动力传动装置的组成及工作原理	实训/4学时
2	动力传动装置控制系统的故障检修	动力传动控制系统的故障检修	能动力传动控制系统故障检修	动力传动控制系统的组成及工作原理	实训/6学时
3	底盘电子控制系统的故障检修	制动控制系统故障检修	能完成制动控制系统的故障检修	制动控制系统的组成及工作原理	实训/4学时
4	底盘电子控制系统的故障检修	转向控制系统故障检修	能完成转向控制系统的故障检修	转向控制系统的组成及工作原理	实训/4学时
5	底盘电子控制系统的故障检修	悬架控制系统故障检修	能完成悬架控制系统的故障检修	悬架控制系统的组成及工作原理	实训/4学时
6	底盘电子控制系统的故障检修	汽车安全控制系统故障检修	能完成制动控制系统的故障检修	制动控制系统的组成及工作原理	实训/4学时
7	汽车信息电子控制系统故障检修	汽车信息电子控制系统故障检修	能完成汽车信息电子控制系统故障检修	汽车信息电子控制系统的组成及工作原理	实训/2学时
8	车辆综合控制系统故障检修	车辆综合控制系统故障检修	能完成车辆综合控制系统故障检修	车辆综合控制系统的组成及工作原理	实训/2学时

十、编制说明

在教学过程中，教师可以根据教学实施的实际情况，在保证教学效果的前提下，对课程内容以及学时分配进行适当的、灵活的调整。

第十八节　“新能源汽车安全技术”课程教学实施细则

一、基本信息

<table>
<tr><td>课程代码</td><td colspan="2">课程名称</td><td>学　分</td><td>总学时</td><td>理论学时</td><td>实践学时</td></tr>
<tr><td>C018</td><td colspan="2">新能源汽车安全技术</td><td>3</td><td>48</td><td>40</td><td>8</td></tr>
<tr><td colspan="2">课程类型</td><td colspan="3">课程性质</td><td>开课部门</td><td>开课学期</td></tr>
<tr><td colspan="2">理论+实践课</td><td colspan="3">专业主干课</td><td>汽车教研室</td><td>4</td></tr>
<tr><td>前导课程</td><td colspan="2">电工电子技术</td><td colspan="2" rowspan="2">适合对象</td><td colspan="2" rowspan="2">新能源汽车技术专业</td></tr>
<tr><td>后续课程</td><td colspan="2">毕业设计、毕业顶岗实习</td></tr>
</table>

二、课程设计思路

按照“以能力为本位，以职业实践为主线，以项目课程为主体”的要求，以工作任务为中心构建教学内容。

工作任务选取的基本依据是“新能源汽车安全技术”课程涉及的工作领域和工作任务范围，在具体设计过程中，以工作过程为载体，使工作任务具体化，产生具体的学习任务。

在课程的设计上，注重职业道德的培养和职业素养的养成，以真实的案例为基础，设计了 LPG、CNG 气体燃料汽车安全技术，电动汽车安全技术，混合动力汽车安全技术，国内外汽车安全法规标准体系，汽车安全检测和试验，汽车交通事故预防和事故车速分析等 6 个学习任务。

三、课程目标

通过本课程的学习，学生掌握新能源汽车安全规范。

（一）能力目标

能按照安全操作规程检测新能源汽车。

（二）知识目标

（1）掌握 LPG、CNG 气体燃料汽车安全规范。
（2）熟练掌握电动汽车安全规范。
（3）熟练掌握混合动力汽车安全规范。

（三）素质目标

（1）具有严谨认真、实事求是的科学态度。
（2）能自主学习新知识、新技能。
（3）具有高度的职业责任心和安全意识，遵章守纪、规范操作。

四、课程内容及学时安排

序号	工作任务	学习内容及要求	学时
1	LPG、CNG 气体燃料汽车安全技术	学习内容： 能够简述 LPG、CNG 气体燃料汽车安全技术	6
		具体要求： 能够进行 LPG、CNG 气体燃料汽车安全防护	
2	电动汽车安全技术	学习内容： 能够简述电动汽车安全技术	8
		具体要求： 能够进行纯电动汽车安全防护	
3	混合动力汽车安全技术	学习内容： 能够简述混合动力汽车安全技术	10
		具体要求： 能够进行混合动力汽车安全防护	
4	国内外汽车安全法规标准体系	学习内容： 能够简述国内外汽车安全法规标准体系	8
		具体要求： 能够按照国内外汽车安全法规标准体系检测新能源汽车	
5	汽车安全检测和试验	学习内容： 能够简述汽车安全检测和试验方法	10
		具体要求： 能够进行汽车安全检测和试验	
6	汽车交通事故预防和事故车速分析	学习内容： 能够简述汽车交通事故预防方法	6
		具体要求： 能够进行事故车速分析	

五、教材编写建议

由于本课程采用一体化教学，在编写教材时应充分考虑一体化教学的特点，按任务或项目编写教材内容，教材选用应符合本实施细则的基本要求，优先选用省部级以上规划教材。

六、教学资源与其他

序号	教学资源类别	教学资料基本信息
1	教学场所	1. 多媒体教室； 2. 校内新能源汽车实训室； 3. 校外新能源汽车专业实训基地
2	主要参考教材	1. 《新能源汽车安全技术》，人民交通出版社； 2. 《汽车安全技术》，机械工业出版社
3	数字化资源	智慧职教、超星平台等

多媒体课件、视频、动画及各种常见车型的维修手册等。

七、教学方法与手段

（一）讲授法

采用讲授法介绍电控发动机组成部件的工作原理、维护和检修的方法。

（二）小组讨论法

给出实训项目后，进行分组讨论，制订实施方案，方案通过后，再按制定的方案实施该项目。

（三）角色扮演法

采用该方法，通过角色的转变，让学生体会不同角色的作为和心理状态。

八、考核与评价

（一）考核方式

（1）考核评价=过程评价 50%＋ 阶段评价 50%。

（2）过程评价：采用学生出勤，学生作业，课程综合考核相结合。

（3）阶段评价=项目考核+职业资格考证+期末考核。

评价方式	评定项目	分数分配
平时考核	学生出勤5%，学生作业5%	10%
阶段性项目考核	评价学生对项目的掌握情况，每个子项目一个评价阶段，每个项目完成一套项目考核表	40%
期末考核	操作技能与知识考核相结合	50%
合　计		100%

（二）项目考核评价表

序号	工作任务	考核要求	评分标准	分数分配
1	LPG、CNG气体燃料汽车安全防护	学习态度好、回答问题正确、动手能力强、实验报告规范	满分100分	20%
2	纯电动汽车安全防护	学习态度好、回答问题正确、动手能力强、实验报告规范	满分100分	30%
3	混合动力汽车安全防护	学习态度好、回答问题正确、动手能力强、实验报告规范	满分100分	30%
4	汽车安全检测和试验	学习态度好、回答问题正确、动手能力强、实验报告规范	满分100分	20%
5	合　计			100%

九、课程训练项目设计参考方案

编号	能力训练项目名称	能力训练任务名称	拟实现的能力目标	相关支撑知识	教学方法与建议
1	LPG、CNG气体燃料汽车安全防护	LPG、CNG气体燃料汽车安全防护	能进行LPG、CNG气体燃料汽车安全防护	LPG、CNG气体燃料汽车安全防护方法	实训/2学时
2	纯电动汽车安全防护	纯电动汽车安全防护	能进行纯电动汽车安全防护	纯电动汽车安全防护方法	实训/2学时
3	混合动力汽车安全防护	混合动力汽车安全防护	能进行混合动力汽车安全防护	混合动力汽车安全防护方法	实训/2学时
4	汽车安全检测和试验	汽车安全检测和试验	能进行汽车安全检测和试验	汽车安全检测和试验方法	实训/2学时

十、编制说明

在教学过程中，教师可以根据教学实施的实际情况，在保证教学效果的前提下，对课程内容以及学时分配进适当的、灵活的调整。

第十九节 “汽车故障诊断实训”课程教学实施细则

一、基本信息

<table>
<tr><td>课程代码</td><td colspan="2">课程名称</td><td>学 分</td><td>总学时</td><td>理论学时</td><td>实践学时</td></tr>
<tr><td>C019</td><td colspan="2">汽车故障诊断实训</td><td>2</td><td>56</td><td></td><td>56</td></tr>
<tr><td colspan="2">课程类型</td><td colspan="3">课程性质</td><td>开课部门</td><td>开课学期</td></tr>
<tr><td colspan="2">实践课</td><td colspan="3">专业主干课</td><td>汽车教研室</td><td>5</td></tr>
<tr><td>前导课程</td><td colspan="2">汽车类课程</td><td colspan="2" rowspan="2">适合对象</td><td colspan="2" rowspan="2">新能源汽车技术专业</td></tr>
<tr><td>后续课程</td><td colspan="2">毕业设计、毕业顶岗实习</td></tr>
</table>

二、课程设计思路

本课程是新能源汽车类专业的一门实践课程，按照“以能力为本位，以职业实践为主线，以项目课程为主体”的要求，以工作任务为中心构建教学内容。

工作任务选取的基本依据是“汽车故障诊断实训”课程涉及的工作领域和工作任务范围，在具体设计过程中，以汽车常见故障为载体，使工作任务具体化，产生具体的学习任务。

在课程的设计上，注重职业道德的培养和职业素养的养成，以真实的案例为基础，设计了汽车发动机故障诊断、汽车底盘故障诊断、汽车电路故障诊断、汽车车身故障诊断等学习任务。

三、课程目标

（一）能力目标

（1）具备运用汽车故障分析及诊断检测排除的技能。

（2）具备汽车设备仪器工具熟练使用、维护和修理的技能。

（二）知识目标

（1）掌握汽车故障诊断的基础方法。

（2）掌握汽车检修维护的工艺及相关知识。
（3）掌握汽车检测故障诊断的知识。
（4）掌握设备仪器工具的使用维修知识。

（三）素质目标

（1）具有严谨认真、实事求是的科学态度。
（2）具有高度的职业责任心和安全意识，遵章守纪、规范操作。

四、课程内容及学时安排

序号	工作任务	学习内容及要求	学时
1	发动机无法起动的故障检测与诊断	学习内容： 发动机无法起动的故障检测与诊断方法	8
		具体要求： 能进行发动机无法起动的故障检测与诊断	
2	点火正时的检查与调整	学习内容： 点火正时的检查与调整的方法	4
		具体要求： 能进行点火正时的检查与调整	
3	电控汽油发动机怠速不良的故障检测与诊断	学习内容： 电控汽油发动机怠速不良的故障检测与诊断方法	4
		具体要求： 能进行电控汽油发动机怠速不良的故障检测与诊断	
4	动力电池及控制系统故障检测与诊断	学习内容： 动力电池及控制系统的故障检测与诊断方法	8
		具体要求： 能进行动力电池及控制系统的故障检测与诊断	
5	电控自动变速器的故障检测与诊断	学习内容： 电控自动变速器的故障检测与诊断方法	8
		具体要求： 能进行电控自动变速器的故障检测与诊断	
6	ABS 系统的故障检测与诊断	学习内容： ABS 系统的故障检测与诊断方法	4
		具体要求： 能进行 ABS 系统的故障检测与诊断	
7	汽车前轮侧滑量的检测	学习内容： 汽车前轮侧滑量的检测方法	4
		具体要求： 能进行汽车前轮侧滑量的检测	

续表

序号	工作任务	学习内容及要求	学时
8	电源系统不充电的故障检测与诊断	学习内容： 电源系统不充电的故障检测与诊断方法	6
		具体要求： 能进行电源系统不充电的故障检测与诊断	
9	前照灯的检查与调整	学习内容： 前照灯的检查与调整方法	4
		具体要求： 能进行前照灯的检查与调整	
10	空调系统制冷不良的故障检测与诊断	学习内容： 空调系统制冷不良的故障检测与诊断的方法	6
		具体要求： 能进行空调系统制冷不良的故障检测与诊断	

五、教材编写与选用建议

教材选用应符合本实施细则的基本要求，优先选用省部级以上规划教材。

六、教学资源与其他

序号	教学资源类别	教学资料基本信息
1	教学场所	校内汽车实训室
2	主要参考教材	1.《汽车故障诊断与排除实训》，机械工业出版社； 2.《汽车故障维修实训》，机械工业出版社
3	数字化资源	智慧职教、超星平台等

七、教学方法与手段

（一）小组讨论法

给出实训项目后，进行分组讨论，制订实施方案，方案通过后，再按制定的方案实施该项目。

（二）角色扮演法

通过扮演不同的角色，让学生体会不同角色的作为和心理状态。

八、考核与评价

（一）考核方式

（1）考核评价=过程评价 50%＋ 阶段评价 50%。

（2）过程评价：采用学生出勤，学生作业，课程综合考核相结合。

（3）阶段评价=项目考核+职业资格考证+期末考核。

评价方式	评定项目	分数分配
平时考核	学生出勤 5%，学生作业 5%	10%
阶段性项目考核	评价学生对项目的掌握情况，每个子项目一个评价阶段，每个项目完成一套项目考核表	40%
期末考核	操作技能与知识考核相结合	50%
合　计		100%

（二）考核评价表

序号	考核主要内容	考核要求	评分标准	分数分配
1	发动机无法起动的故障检测与诊断	学习态度好、回答问题正确、动手能力强、实训报告规范	满分 100 分	10%
2	点火正时的检查与调整	学习态度好、回答问题正确、动手能力强、实训报告规范	满分 100 分	10%
3	电控汽油发动机怠速不良故障检测与诊断	学习态度好、回答问题正确、动手能力强、实训报告规范	满分 100 分	10%
4	动力电池及控制系统故障检测与诊断	学习态度好、回答问题正确、动手能力强、实训报告规范	满分 100 分	10%
5	电控自动变速器故障检测与诊断	学习态度好、回答问题正确、动手能力强、实训报告规范	满分 100 分	10%
6	ABS 系统的故障检测与诊断	学习态度好、回答问题正确、动手能力强、实训报告规范	满分 100 分	10%
7	汽车前轮侧滑量的检测	学习态度好、回答问题正确、动手能力强、实训报告规范	满分 100 分	10%
8	电源系统不充电故障检测与诊断	学习态度好、回答问题正确、动手能力强、实训报告规范	满分 100 分	10%
9	前照灯的检查与调整	学习态度好、回答问题正确、动手能力强、实训报告规范	满分 100 分	10%
10	空调系统制冷不良的故障检测与诊断	学习态度好、回答问题正确、动手能力强、实训报告规范	满分 100 分	10%
11	合　计			100%

九、课程训练项目设计参考方案

编号	能力训练项目名称	能力训练任务名称	拟实现的能力目标	相关支撑知识	训练方式与建议
1	发动机无法起动故障检测与诊断	发动机无法起动故障检测与诊断	能进行发动机无法起动故障检测与诊断	发动机无法起动故障检测与诊断方法	实训/4 学时
2	点火正时的检查与调整	点火正时的检查与调整	能进行点火正时的检查与调整	点火正时的检查与调整方法	实训/4 学时
3	电控汽油发动机怠速不良故障检测与诊断	电控汽油发动机怠速不良故障检测与诊断	能进行电控汽油发动机怠速不良故障检测与诊断	电控汽油发动机怠速不良故障检测与诊断方法	实训/4 学时
4	动力电池及控制系统故障检测与诊断	动力电池及控制系统故障检测与诊断	能进行动力电池及控制系统故障检测与诊断	动力电池及控制系统故障检测与诊断方法	实训/4 学时
5	电控自动变速器故障检测与诊断	电控自动变速器故障检测与诊断	能进行电控自动变速器故障检测与诊断	电控自动变速器故障检测与诊断方法	实训/4 学时
6	ABS 系统故障检测与诊断	ABS 系统故障检测与诊断	能进行 ABS 系统故障检测与诊断	ABS 系统故障检测与诊断方法	实训/4 学时
7	汽车前轮侧滑量的检测	汽车前轮侧滑量的检测	能进行汽车前轮侧滑量的检测	汽车前轮侧滑量的检测方法	实训/4 学时
8	电源系统不充电故障检测与诊断	电源系统不充电故障检测与诊断	能进行电源系统不充电故障检测与诊断	电源系统不充电故障检测与诊断方法	实训/4 学时
9	前照灯的检查与调整	前照灯的检查与调整	能进行前照灯的检查与调整	前照灯的检查与调整方法	实训/4 学时
10	空调系统制冷不良故障检测与诊断	空调系统制冷不良故障检测与诊断	能进行空调系统制冷不良故障检测与诊断	空调系统制冷不良故障检测与诊断方法	实训/4 学时

十、编制说明

在教学过程中，教师可以根据教学实施的实际情况，在保证教学效果的前提下，对课程内容以及学时分配进行适当的、灵活的调整。

第二十节 “汽车美容实训”课程教学实施细则

一、基本信息

<table>
<tr><td>课程代码</td><td>课程名称</td><td>学 分</td><td>总学时</td><td>理论学时</td><td>实践学时</td></tr>
<tr><td>C020</td><td>汽车美容实训</td><td>2</td><td>56</td><td></td><td>56</td></tr>
</table>

<table>
<tr><td>课程类型</td><td>课程性质</td><td>开课部门</td><td>开课学期</td></tr>
<tr><td>实践课</td><td>专业主干课</td><td>汽车教研室</td><td>5</td></tr>
</table>

<table>
<tr><td>前导课程</td><td>汽车类课程</td><td rowspan="2">适合对象</td><td rowspan="2">新能源汽车技术专业</td></tr>
<tr><td>后续课程</td><td>毕业设计、毕业顶岗实习</td></tr>
</table>

二、课程设计思路

本课程以任务为驱动使课程设计项目化，针对项目的技能关键点，设计技能模块，采用“课堂→汽修实训车间”、“工学交替”的教学模式，完成技能模块的学习，最终达到项目的实现。通过对汽修产行业、企业的调研，了解汽车保养的发展动态，校企合作共同分析汽车保养与维护的主要环节，构建知识，能力框架，根据工作过程设计覆盖汽车保养与维护主要岗位技能的课程项目，体现现代汽车美容的新特点和新技术。企业兼职教师与专任教师共同对每个项目进行仔细分析，针对汽车维修技师等工种的关键技能，对每个项目的技能关键点设计若干技能项目，模块的内容包括若干工作任务、相关理论知识实践知识、拓展性知识、实践性操作和学习效果评价进行技能模块化教学。

三、课程目标

（一）能力目标

（1）具备汽车清洗的能力。

（2）具备汽车打蜡的能力。

（3）具备内饰美容的能力。

（4）具备漆面处理能力。

（二）知识目标

（1）掌握汽车清洗的基础知识。
（2）掌握汽车打蜡的基本知识。
（3）掌握漆面处理的基本方法。

（三）素质目标

（1）具有团队精神和协作精神。
（2）具有良好的心理素质和克服困难的能力。
（3）具有较强的质量意识、安全意识、环保意识、法律意识。
（4）具有较强的事业心、高度的责任感，能按时高效完成工作任务。
（5）具有诚信、敬业、吃苦耐劳、科学、严谨的工作态度。

四、课程内容目标及学时安排

<table>
<tr><th>序号</th><th>工作任务</th><th>学习内容及要求</th><th>学时</th></tr>
<tr><td rowspan="2">1</td><td rowspan="2">汽车清洗</td><td>学习内容：
1. 汽车清洗剂的选用；
2. 车身清洗“三部曲”；
3. 车表沥青和焦油的清除</td><td rowspan="2">10</td></tr>
<tr><td>具体要求：
能进行汽车清洗</td></tr>
<tr><td rowspan="2">2</td><td rowspan="2">汽车打蜡</td><td>学习内容：
1. 车蜡的正确选择；
2. 打蜡的程序和流程；
3. 打蜡设备及材料</td><td rowspan="2">16</td></tr>
<tr><td>具体要求：
能进行汽车的打蜡</td></tr>
<tr><td rowspan="2">3</td><td rowspan="2">汽车内饰美容</td><td>学习内容：
1. 汽车内饰各部件的清洗；
2. 内饰件常见顽固污渍的清除；
3. 内饰清洗设备及材料</td><td rowspan="2">14</td></tr>
<tr><td>具体要求：
能进行汽车内饰的美容</td></tr>
<tr><td rowspan="2">4</td><td rowspan="2">汽车漆面处理</td><td>学习内容：
1. 漆面处理的主要内容；
2. 漆面失光的处理；
3. 漆面浅划痕的处理；
4. 漆面抛光及镜面釉处理</td><td rowspan="2">16</td></tr>
<tr><td>具体要求：
能进行汽车漆面处理</td></tr>
</table>

五、教材编写与选用建议

教材选用应符合本实施细则的基本要求，优先选用省部级以上规划教材。

六、教学资源与其他

序号	教学资源类别	教学资料基本信息
1	教学场所	汽车美容实训室
2	主要参考教材	《汽车美容实训》，机械工业出版社
3	相关网站	智慧职教、超星平台等

七、教学方法与手段

本课程通过项目教学法实施教学。

（1）各个项目划分成若干个工作任务，每个工作任务按照“资讯－决策－计划－实施－检查－评估”六步法来组织教学，在老师指导下制订方案、实施方案、最终评估。

（2）学生通过真实的车辆（载体），体验实际的汽车美容维护工作过程。

（3）教学过程中体现以学生为主体，教师进行适当讲解、并进行引导、监督、评估。

（4）教师应提前准备好各种的媒体学习资料、任务工单、教学课件，并准备好教学场地和设备。

实习中每日应按实习内容和问题认真记录实习笔记，每周进行一次小结，为实习报告的撰写打下良好的基础。实习结束后应写好实习总结和实习报告。实习总结内容必须真实、详细、全面；实习报告要能反映规定的实习内容，表达学生自己的实习收获体会，反映学生对知识的掌握程度与对生产实际问题的认识和分析能力、要求条理清楚、文字通顺、书写工整、重点突出，并附上必要的简图或原理图。在实习结束时，学生应提交书面报告。

八、考核与评价

（一）考核方式

（1）考核评价=过程评价 60%＋ 阶段评价 40%。

（2）过程评价：学生出勤，完成各项目的交车工单。

（3）阶段评价：实习报告占 40%。

（二）考核评价表

评价方式	平时考核		实习总结	合计
	学生出勤	工单		
分数分配	30%	30%	40%	100%

九、课程训练项目设计参考方案

本课程为实践课，具体项目参照本节前文内容。

十、编制说明

在教学过程中，教师可以根据教学实施的实际情况，在保证教学效果的前提下，对课程内容以及学时分配进行适当的、灵活的调整。

第二十一节　“毕业设计（论文）”课程教学实施细则

一、基本信息

<table>
<tr><td>课程代码</td><td colspan="2">课程名称</td><td>学　分</td><td>总学时</td><td>理论学时</td><td>实践学时</td></tr>
<tr><td>C022</td><td colspan="2">毕业设计（论文）</td><td>4</td><td>64</td><td></td><td>64</td></tr>
<tr><td colspan="2">课程类型</td><td colspan="3">课程性质</td><td>开课部门</td><td>开课学期</td></tr>
<tr><td colspan="2">实践课</td><td colspan="3">专业主干课</td><td>汽车教研室</td><td>5</td></tr>
<tr><td>前导课程</td><td colspan="2">汽车类课程</td><td colspan="2" rowspan="2">适合对象</td><td colspan="2" rowspan="2">新能源汽车技术专业</td></tr>
<tr><td>后续课程</td><td colspan="2">顶岗实习</td></tr>
</table>

二、课程设计思路

本课程是分析新能源汽车技术专业学生的职业能力而设置的。通过学习本课程使学生掌握汽车零部件的设计能力，了解汽车行业的发展趋势，掌握企业策划等。本课程可以培养学生的专业技能，使其充分了解企业，学习企业的经营管理、运作方式等，了解社会对本行业人才的需求情况。学生通过本环节的学习具有较强的综合专业技能，毕业后即能成为适应企业需要的技术应用型人才。

三、课程目标

（一）能力目标

（1）培养学生综合运用专业知识，解决生产实际问题的能力。

（2）培养实事求是，严肃认真的科学工作态度，培养专业动手能力。

（3）具有吃苦耐劳的精神，培养适应社会环境的能力。

（4）培养团队协作、团队合作、服从管理的社会工作能力。

（5）培养安全生产的意识，提高自我保护的能力。

（二）知识目标

（1）掌握本专业的专业技能，具备较强的理论分析及动手能力。

（2）具备汽车零部件设计的能力。

（3）能够学习、遵守企业的管理制度，适应企业文化。

（4）具备较强的独立工作能力及团队合作、沟通能力。

（三）素质目标

（1）养成负责地执行技术规程的习惯，形成严谨、认真的工作态度，具有良好的敬业精神。

（2）具有一定的技术能力和职业规划能力，为迎接未来社会挑战、提高生活质量、实现终身发展奠定基础。

（3）形成和保持对技术的兴趣和学习愿望，具有正确的技术观和较强的技术创新意识，促进学生全面而富有个性的发展。

（4）增强质量意识、效益意识、新技术意识和创新意识,具有服务社会责任感和为祖国现代化建设奉献的精神。

四、课程内容目标及学时安排

序号	工作任务	学习内容及要求	学时
1	汽车零部件设计思路及设计方法	学习内容： 1. 汽车零部件的结构特点及工作原理； 2. 汽车零部件设计思路及设计方法	64
		具体要求： 1. 掌握汽车零部件的结构特点及工作原理； 2. 掌握汽车零部件设计思路及设计方法	

五、教材编写与选用建议

教材选用应符合本实施细则的基本要求，优先选用省部级以上规划教材。

六、教学资源与其他

序号	教学资源类别	教学资料基本信息
1	教学场所	校内实训室
2	主要参考教材	
3	相关网站	智慧职教、超星平台等

七、教学方法与手段

毕业设计（论文）指导教师全程跟踪整个过程，主要负责组织与管理，实习成员的安全与纪律，安排集体讲座或网上答疑等解决学生在设计过程中遇到的问题。

八、考核与评价

（一）考核方式

（1）考核评价=过程评价 40% +阶段评价 60%。

（2）过程评价：学生出勤，指导教师考核成绩。

（3）阶段评价：毕业设计（论文）完成质量占 60%。

（二）考核评价表

评价方式	平时考核 学生出勤	毕业设计（论文）	合计
分数分配	40%	60%	100%

九、编制说明

在教学过程中，教师可以根据教学实施的实际情况，在保证教学效果的前提下，对课程内容以及学时分配进行适当的、灵活的调整。

第二十二节　“毕业顶岗实习”课程教学实施细则

一、基本信息

<table>
<tr><td>课程代码</td><td>课程名称</td><td>学　分</td><td>总学时</td><td>理论学时</td><td>实践学时</td></tr>
<tr><td>C023</td><td>毕业顶岗实习</td><td>8</td><td>352</td><td></td><td>352</td></tr>
<tr><td colspan="2">课程类型</td><td colspan="2">课程性质</td><td>开课部门</td><td>开课学期</td></tr>
<tr><td colspan="2">实践课</td><td colspan="2">专业主干课</td><td>汽车教研室</td><td>6</td></tr>
<tr><td>前导课程</td><td>汽车类课程</td><td rowspan="2">适合对象</td><td colspan="3" rowspan="2">新能源汽车技术专业</td></tr>
<tr><td>后续课程</td><td></td></tr>
</table>

二、课程设计思路

本课程是根据提高新能源汽车技术专业学生的职业能力而设置的，通过学习本课程使学生掌握汽车结构原理，具备汽车拆装、调整、性能检测、维护和保养的能力。本课程可以培养学生的专业实操技能，使其充分了解企业，学习企业的经营管理、运作方式等，了解社会对本行业人才的需求情况。学生通过本环节的学习可具备较强的综合专业技能，毕业后即能成为适应企业需要的技术应用型人才。

本课程教学根据顶岗实习过程中学生的表现及各种文件上缴情况按照既定的评分标准来评定成绩。

三、课程目标

（一）能力目标

（1）培养学生综合运用专业知识，解决生产实际问题的能力。

（2）培养实事求是、严肃认真的科学工作态度，培养专业动手能力。

（3）具有吃苦耐劳的精神，培养适应社会环境的能力。

（4）培养团队协作、团队合作、服从管理的社会工作能力。

（5）培养安全生产的意识，提高自我保护的能力。

（二）知识目标

（1）掌握本专业的专业技能，具备较强的理论分析及动手能力。
（2）具备汽车维修常用设备的使用、维护、保养技能。
（3）能够学习、遵守企业的管理制度，适应企业文化。
（4）具备较强的独立工作能力及团队合作、沟通能力

（三）素质目标

（1）养成负责地执行技术规程的习惯，形成严谨、认真的工作态度，具有良好的敬业精神。

（2）具有一定的技术能力和职业规划能力，为迎接未来社会挑战、提高生活质量、实现终身发展奠定基础。

（3）形成和保持对技术的兴趣和学习愿望，具有正确的技术观和较强的技术创新意识，促进学生全面而富有个性的发展。

（4）增强质量意识、效益意识、新技术意识和创新意识，具有服务社会责任感和为祖国现代化建设奉献的精神。

四、课程内容目标及学时安排

序号	工作任务	学习内容及要求	学时
1	学习企业规章制度	学习内容： 1. 企业奖惩制度； 2. 企业考勤制度； 3. 熟悉企业文化氛围； 4. 熟悉企业环境及架构	352
		具体要求： 1. 遵守企业制度； 2. 积极参加企业举办的各种文化活动，创造良好的企业氛围； 3. 熟悉企业各部门职责，方便今后工作	
2	新能源汽车制造项目实习	学习内容： 1. 新能源汽车零部件的制造； 2. 新能源汽车车身零件的制造	
		具体要求： 掌握制造工艺及方法	

续表

序号	工作任务	学习内容及要求	学时
3	新能源汽车装配项目实习	学习内容： 1. 发动机的组装； 2. 汽车电气系统的组装	
		具体要求： 掌握新能源汽车的装配工艺	
4	新能源汽车制造企业管理岗位项目实习	学习内容： 企业管理	
		具体要求： 具备基本的现场管理能力及协调能力	

五、教材编写与选用建议

教材选用应符合本实施细则的基本要求，优先选用省部级以上规划教材。

六、教学资源与其他

序号	教学资源类别	教学资料基本信息
1	教学场所	实习企业
2	主要参考教材	《汽车故障检修》，机械工业出版社
3	相关网站	智慧职教、超星平台等

七、教学方法与手段

尽量采用学生顶岗的方式完成整个实习（特别有困难的采用定岗的方式，由企业专人带领指导），实习指导教师全程跟踪整个实习过程，主要负责组织与管理实习成员的安全与纪律。对于实习地点分散的，采用分时段蹲点指导，利用晚上或者其他休息时间，安排集体讲座。

实习中每日应按实习内容和问题认真记录实习笔记，每周进行一次小结，为实习报告的撰写打下良好的基础。实习结束后应写好实习总结和实习报告。实习总结内容必须真实、详细、全面；实习报告要能反映规定的实习内容，表达学生自己的实习收获体会，反映学生对知识的掌握程度与对生产实际问题的认识和分析能力，要求条理清楚、文字通顺、书写工整、重点突出，并附上必要的简图或原理图。在实习结束时，学生应提交书面报告。

实习结束返校前要整理实习日记，由各实习单位填写实习鉴定并加盖公章。返校后上交实习日志，材料整理齐全后统一上交指导老师。

在实训过程中，注重阶段性质量的控制，由指导教师根据具体工作性质进行实训质量的考核检查工作。

八、考核与评价

（一）考核方式

（1）考核评价=过程评价 30% + 阶段评价 70%。

（2）过程评价：学生出勤，企业指导教师考核成绩。

（3）阶段评价：实训各项目完成质量占 50%、实习报告占 20%。

（二）考核评价表

评价方式	平时考核		阶段考核		合计
	学生出勤	企业考核	资料完成	实习总结	
分数分配	10%	20%	50%	20%	100%

九、课程训练项目设计参考方案

本课程为顶岗实习课程，纯粹的实训课，具体项目参照本节前述内容。

十、编制说明

在教学过程中，教师可以根据教学实施的实际情况，在保证教学效果的前提下，对课程内容以及学时分配进行适当的、灵活的调整。

第二十三节“ADAS 检修”课程教学实施细则

一、基本信息

<table>
<tr><td>课程代码</td><td>课程名称</td><td>学分</td><td>总学时</td><td>理论学时</td><td>实践学时</td></tr>
<tr><td>X001</td><td>ADAS 检修</td><td>3</td><td>48</td><td>30</td><td>18</td></tr>
<tr><td colspan="2">课程类型</td><td colspan="2">课程性质</td><td>开课部门</td><td>开课学期</td></tr>
<tr><td colspan="2">理论+实践课</td><td colspan="2">专业选修课</td><td>汽车教研室</td><td>5</td></tr>
<tr><td>前导课程</td><td>汽车类课程</td><td colspan="2" rowspan="2">适合对象</td><td colspan="2" rowspan="2">新能源汽车技术专业</td></tr>
<tr><td>后续课程</td><td>毕业顶岗实习</td></tr>
</table>

二、课程设计思路

本课程是“智能网联汽车检测与运维”1+x 证书课程。按照“以能力为本位，以职业实践为主线，以项目课程为主体”的要求，以工作任务为中心构建教学内容。

工作任务选取的基本依据是“ADAS 检修”课程涉及的工作领域和工作任务范围，在具体设计过程中，以 ADAS（驾驶辅助系统）系统常见故障为载体，使工作任务具体化，产生具体的学习任务。

在课程的设计上，注重职业道德的培养和职业素养的养成，以真实的案例为基础，设计了视觉传感器检测与维修、激光雷达检测与维修、毫米波雷达检测与维修、超声波雷达检测与维修、定位系统检测与维修、ADAS 执行器检测与维修、ADAS 综合故障论断与维修等 7 个学习任务。

三、课程目标

（一）能力目标

（1）能熟练拆装 ADAS 系统。

（2）能正确使用常用工量具检测与维修 ADAS 系统。

（3）能正确使用检测仪器诊断和排除 ADAS 系统的故障。

（二）知识目标

（1）明确 ADAS 系统的组成和工作原理。

（2）掌握视觉传感器、激光雷达、毫米波雷达、超声波雷达、定位系统检测与维修常见故障的原因、特点及诊断分析方法。

（三）素质目标

（1）具有严谨认真、实事求是的科学态度。

（2）具有团队精神和协作精神。

（3）具有良好的心理素质和克服困难的能力。

（4）具有高度的职业责任心和安全意识，遵章守纪、规范操作。

四、课程内容及学时安排

序号	工作任务	学习内容及要求	学时
1	视觉传感器检测与维修	学习内容： 1. 视觉传感器组成及工作原理； 2. 视觉传感器故障检修	8
		具体要求： 1. 掌握视觉传感器组成及工作原理； 2. 掌握视觉传感器故障检修方法	
2	激光雷达检测与维修	学习内容： 1. 激光雷达组成及工作原理； 2. 激光雷达故障检修	6
		具体要求： 1. 掌握激光雷达组成及工作原理； 2. 掌握激光雷达故障检修方法	
3	毫米波雷达检测与维修	学习内容： 1. 毫米波雷达组成及工作原理； 2. 毫米波雷达故障检修	6
		具体要求： 1. 掌握毫米波雷达组成及工作原理； 2. 掌握毫米波雷达故障检修方法	
4	超声波雷达检测与维修	学习内容： 1. 超声波雷达组成及工作原理； 2. 超声波雷达故障检修	4
		具体要求： 1. 掌握超声波雷达组成及工作原理； 2. 掌握超声波雷达故障检修方法	

续表

序号	工作任务	学习内容及要求	学时
5	定位系统检测与维修	学习内容： 1. 定位系统的组成及工作原理； 2. 定位系统故障检修	8
		具体要求： 1. 掌握定位系统组成及工作原理； 2. 掌握定位系统故障检修方法	
6	ADAS执行器检测与维修	学习内容： 1. ADAS执行器的组成及工作原理； 2. ADAS执行器故障检修	6
		具体要求： 1. 掌握ADAS执行器的组成及工作原理； 2. 掌握ADAS执行器故障检修方法	
7	ADAS综合故障论断与维修	学习内容： 1. ADAS系统故障现象； 2. ADAS综合故障检修案例	10
		具体要求： 1. 掌握ADAS系统故障现象； 2. 掌握ADAS综合故障检修方法	

五、教学资源与其他

序号	教学资源类别	教学资料基本信息
1	教学场所	1. 多媒体教室； 2. 校内汽车实训室； 3. 校外汽车专业实训基地
2	主要参考教材	《驾驶辅助系统故障诊断维修》，机械工业出版社 《ADAS系统故障诊断与排除》，机械工业出版社
3	数字化资源	智慧职教、超星平台等

六、教学方法与手段

（一）讲授法

采用讲授法介绍驾驶辅助系统组成部件的工作原理、维护和检修的方法。

（二）小组讨论法

给出实训项目后，进行分组讨论，制订实施方案，方案通过后，再按制定的方案实施该项目。

（三）角色扮演法

通过扮演不同的角色，让学生体会不同角色的作为和心理状态。

七、考核与评价

（一）考核方式

（1）考核评价=过程评价 50% +阶段评价 50%。
（2）过程评价：采用学生出勤，学生作业，课程综合考核相结合。
（3）阶段评价=项目考核 + 期末考核。

评价方式	评定项目	分数分配
平时考核	学生出勤 5%、学生作业 5%	10%
阶段性项目考核	评价学生对项目的掌握情况。每个子项目一个评价阶段，每个项目完成一套项目考核表	40%
期末考核	操作技能与知识考核相结合	50%
合　计		100%

（二）项目考核评价表

序号	工作任务	考核要求	评分标准	分数分配
1	视觉传感器检测与维修	学习态度好、回答问题正确、动手能力强、实训报告规范	满分 100 分	10%
2	激光雷达检测与维修	学习态度好、回答问题正确、动手能力强、实训报告规范	满分 100 分	10%
3	毫米波雷达检测与维修	学习态度好、回答问题正确、动手能力强、实训报告规范	满分 100 分	10%
4	超声波雷达检测与维修	学习态度好、回答问题正确、动手能力强、实训报告规范	满分 100 分	10%
5	定位系统检测与维修	学习态度好、回答问题正确、动手能力强、实训报告规范	满分 100 分	10%
6	ADAS 执行器检测与维修	学习态度好、回答问题正确、动手能力强、实训报告规范	满分 100 分	20%
7	ADAS 综合故障论断与维修	学习态度好、回答问题正确、动手能力强、实训报告规范	满分 100 分	30%
8	合　计			100%

八、课程训练项目设计参考方案

编号	能力训练项目名称	能力训练任务名称	拟实现的能力目标	相关支撑知识	训练方式与建议
1	视觉传感器检测与维修	视觉传感器检测与维修	能正确检测与排除视觉传感器的故障	视觉传感器工作原理与检修	实训/4 学时
2	激光雷达检测与维修	激光雷达检测与维修	能正确检测与排除激光雷达故障	激光雷达工作原理与检修	实训/2 学时
3	毫米波雷达检测与维修	毫米波雷达检测与维修	能正确检测与排除毫米波雷达故障	毫米波雷达工作原理与检修	实训/2 学时
4	超声波雷达检测与维修	超声波雷达检测与维修	能正确检测与排除超声波雷达故障	超声波雷达工作原理与检修	实训/2 学时
5	定位系统检测与维修	定位系统检测与维修	能正确检测与排除定位系统故障	定位系统工作原理与检修	实训/2 学时
6	ADAS 执行器检测与维修	ADAS 执行器检测与维修	能正确检测与排除 ADAS 执行器给孩子	ADAS 执行器工作原理与检修	实训/4 学时
7	ADAS 综合故障论断与维修	ADAS 综合故障论断与维修	能正确检测与排除 ADAS 综合故障	ADAS 综合故障检修	实训/2 学时

九、编制说明

在教学过程中，教师可以根据教学实施的实际情况，在保证教学效果的前提下，对课程内容以及学时分配进行适当的、灵活的调整。

第二十四节 “车载网络系统检修”课程教学实施细则

一、基本信息

<table>
<tr><td>课程代码</td><td>课程名称</td><td>学 分</td><td>总学时</td><td>理论学时</td><td>实践学时</td></tr>
<tr><td>X002</td><td>车载网络系统检修</td><td>3</td><td>48</td><td>28</td><td>20</td></tr>
<tr><td colspan="2">课程类型</td><td colspan="2">课程性质</td><td>开课部门</td><td>开课学期</td></tr>
<tr><td colspan="2">理论+实践课</td><td colspan="2">专业选修课</td><td>汽车教研室</td><td>5</td></tr>
<tr><td>前导课程</td><td>汽车类课程</td><td colspan="2" rowspan="2">适合对象</td><td colspan="2" rowspan="2">新能源汽车技术专业</td></tr>
<tr><td>后续课程</td><td></td></tr>
</table>

二、课程设计思路

本课程是“智能网联汽车检测与运维”1+x 证书课程。按照“以能力为本位，以职业实践为主线，以项目课程为主体”的要求，以工作任务为中心构建教学内容。

工作任务选取的基本依据是“车载网络系统检修”课程涉及的工作领域和工作任务范围，在具体设计过程中，以车载网络系统常见故障为载体，使工作任务具体化，产生具体的学习任务。

在课程的设计上，注重职业道德的培养和职业素养的养成，以真实的案例为基础，设计了车载网络系统构建、CAN 故障检测与维修、LIN 故障检测与维修、以太网故障检测与维修等 4 个学习任务。

三、课程目标

（一）能力目标

（1）能熟练拆装车载网络系统。

（2）能正确使用常用工量具检测、维修车载网络系统。

（3）能正确使用检测仪器诊断和排除车载网络系统常见故障。

（二）知识目标

（1）明确车载网络系统构建，掌握汽车载网络系统工作原理。
（2）掌握 CAN 系统、LIN 系统、以太网常见故障的原因、特点及诊断分析方法。

（三）素质目标

（1）具有严谨认真、实事求是的科学态度。
（2）具有团队精神和协作精神。
（3）具有良好的心理素质和克服困难的能力。
（4）具有高度的职业责任心和安全意识，遵章守纪、规范操作。

四、课程内容及学时安排

序号	工作任务	学习内容及要求	学时
1	车载网络系统认识	学习内容： 1. 车载网络系统的组成； 2. 车载网络系统传感器和执行器	4
		具体要求： 1. 了解车载网络系统的组成； 2. 掌握车载网络系统传感器和执行器安装位置	
2	CAN 故障检测与维修	学习内容： 1. CAN 系统组成及工作原理； 2. CAN 总线控制的车窗无法升降故障检修； 3. CAN 总线控制的发动机无法起动故障检修	24
		具体要求： 1. 掌握 CAN 系统组成及工作原理； 2. 掌握 CAN 总线控制的车窗无法升降故障检修方法； 3. 掌握 CAN 总线控制的发动机无法启动故障检修方法	
3	LIN 故障检测与维修	学习内容： 1. LIN 系统的组成及工作原理； 2. LIN 总线控制的雨刮器故障检修； 3. LIN 总线控制的天窗故障检修	12
		具体要求： 1. 掌握 LIN 系统的组成及工作原理； 2. 掌握 LIN 总线控制的雨刮器故障检修方法； 3. 掌握 LIN 总线控制的天窗故障检修方法	

续表

序号	工作任务	学习内容及要求	学时
4	以太网故障检测与维修	学习内容： 1. 以太网组成及工作原理； 2. 多媒体系统失灵故障检修； 3. 车载电话失灵故障检修	8
		具体要求： 1. 掌握以太网组成及工作原理； 2. 掌握多媒体系统失灵故障检修方法； 3. 掌握车载电话失灵故障检修方法	

五、教学资源与其他

序号	教学资源类别	教学资料基本信息
1	教学场所	1. 多媒体教室； 2. 校内汽车发动机实训室； 3. 校外汽车专业实训基地
2	主要参考教材	《车载网络系统诊断维修》，机械工业出版社； 《车载网络系统故障诊断与排除》，机械工业出版社
3	数字化资源	智慧职教、超星平台等

六、教学方法与手段

（一）讲授法

采用讲授法介绍车载网络系统组成部件的工作原理、维护和检修的方法。

（二）小组讨论法

给出实训项目后，进行分组讨论，制订实施方案，方案通过后，再按制定的方案实施该项目。

（三）角色扮演法

通过扮演不同的角色，让学生体会不同角色的作为和心理状态。

七、考核与评价

（一）考核方式

（1）考核评价=过程评价 50% + 阶段评价 50%。

（2）过程评价：采用学生出勤，学生作业，课程综合考核相结合。

（3）阶段评价=项目考核 + 期末考核。

评价方式	评定项目	分数分配
平时考核	学生出勤 5%，学生作业 5%	10%
阶段性项目考核	评价学生对项目的掌握情况，每个子项目一个评价阶段，每个项目完成一套项目考核表	40%
期末考核	操作技能与知识考核相结合	50%
合　计		100%

（二）项目考核评价表

序号	工作任务	考核要求	评分标准	分数分配
1	车载网络系统构建	学习态度好、回答问题正确、动手能力强、实训报告规范	满分 100 分	20%
2	CAN 故障检测与维修	学习态度好、回答问题正确、动手能力强、实训报告规范	满分 100 分	30%
3	LIN 故障检测与维修	学习态度好、回答问题正确、动手能力强、实训报告规范	满分 100 分	30%
4	以太网故障检测与维修	学习态度好、回答问题正确、动手能力强、实训报告规范	满分 100 分	20%
5	合　计			100%

八、课程训练项目设计参考方案

编号	能力训练项目名称	能力训练任务名称	拟实现的能力目标	相关支撑知识	训练方式与建议
1	车载网络系统认识	车载网络系统认识	能描述车载网络系统认识及工作原理	车载网络系统的总体结构	实训 /2 学时
2	CAN 故障检测与维修	CAN 总线控制的车窗无法升降故障检修	能正确进行 CAN 总线控制的车窗无法升降故障排除	CAN 总线控制的车窗电路与工作原理	实训 /4 学时
		CAN 总线控制的发动机无法启动故障检修	能正确进行 CAN 总线控制的发动机无法启动故障排除	CAN 总线控制的发动机的电路与工作原理	实训 /4 学时

续表

编号	能力训练项目名称	能力训练任务名称	拟实现的能力目标	相关支撑知识	训练方式与建议
3	LIN 故障检测与维修	LIN 总线控制的雨刮器故障检修	能正确完成 LIN 总线控制的雨刮器故障检修	LIN 总线控制的雨刮器的电路与工作原理	实训/2 学时
		LIN 总线控制的天窗故障检修	能正确进行 LIN 总线控制的天窗故障检修	LIN 总线控制的天窗电路与工作原理	实训/4 学时
4	以太网故障检测与维修	多媒体系统失灵故障检修	能正确进行多媒体系统失灵故障检修	多媒体系统电路与工作原理	实训/2 学时
		车载电话失灵故障检修	能正确进行车载电话失灵故障检修	车载电话电路及工作原理	实训/2 学时

九、编制说明

在教学过程中，教师可以根据教学实施的实际情况，在保证教学效果的前提下，对课程内容以及学时分配进行适当的、灵活的调整。

第二十五节 “智能座舱系统检修”课程教学实施细则

一、基本信息

<table>
<tr><td>课程代码</td><td colspan="2">课程名称</td><td>学 分</td><td>总学时</td><td>理论学时</td><td>实践学时</td></tr>
<tr><td>X003</td><td colspan="2">智能座舱系统检修</td><td>3</td><td>48</td><td>32</td><td>16</td></tr>
<tr><td colspan="2">课程类型</td><td colspan="3">课程性质</td><td>开课部门</td><td>开课学期</td></tr>
<tr><td colspan="2">理论+实践课</td><td colspan="3">专业选修课</td><td>汽车教研室</td><td>5</td></tr>
<tr><td>前导课程</td><td colspan="2">汽车类课程</td><td colspan="2" rowspan="2">适合对象</td><td colspan="2" rowspan="2">新能源汽车技术专业</td></tr>
<tr><td>后续课程</td><td colspan="2">毕业顶岗实习</td></tr>
</table>

二、课程设计思路

本课程是“智能网联汽车检测与运维”1+x 证书课程。按照“以能力为本位，以职业实践为主线，以项目课程为主体”的要求，以工作任务为中心构建教学内容。

工作任务选取的基本依据是“智能座舱系统检修”课程涉及的工作领域和工作任务范围，在具体设计过程中，以智能座舱系统检修系统常见故障为载体，使工作任务具体化，产生具体的学习任务。

在课程的设计上，注重职业道德的培养和职业素养的养成，以真实的案例为基础，设计了人机交互系统检测与维修、AEB（自动刹车辅助）系统检测与维修、LAK（车道保持辅助）系统检测与维修、APA（自动泊车辅助）系统检测与维修、疲劳驾驶预警系统检测与维修等 5 个学习任务。

三、课程目标

（一）能力目标

（1）能熟练拆检智能座舱系统。

（2）能正确使用常用工量具检测与维修智能座舱系统。

（3）能正确使用检测仪器诊断和排除智能座舱系统的故障。

（二）知识目标

（1）明确智能座舱系统的组成和工作原理。

（2）掌握视 AEB 系统、LAK 系统、APA 系统、疲劳驾驶预警系统常见故障的原因、特点及诊断分析方法。

（三）素质目标

（1）具有严谨认真、实事求是的科学态度。

（2）具有团队精神和协作精神。

（3）具有良好的心理素质和克服困难的能力。

（4）具有高度的职业责任心和安全意识，遵章守纪、规范操作。

四、课程内容及学时安排

序号	工作任务	学习内容及要求	学时
1	人机交互系统检测与维修	学习内容： 1. 人机交互系统的组成； 2. 人机交互系统传感器和执行器	8
		具体要求： 1. 了解人机交互系统的组成； 2. 掌握人机交互系统传感器和执行器安装位置	
2	AEB 系统检测与维修	学习内容： 1. AEB 系统组成及工作原理； 2. AEB 系统故障检修	12
		具体要求： 1. 掌握 AEB 系统组成及工作原理； 2. 掌握 AEB 系统故障检修方法	
3	LAK 系统检测与维修	学习内容： 1. LAK 系统组成及工作原理； 2. LAK 系统故障检修	10
		具体要求： 1. 掌握 LAK 系统组成及工作原理； 2. 掌握 LAK 系统故障检修方法	
4	APA 系统检测与维修	学习内容： 1. APA 系统组成及工作原理； 2. APA 系统故障检修	10
		具体要求： 1. 掌握 APA 系统组成及工作原理； 2. 掌握 APA 系统故障检修方法	

续表

序号	工作任务	学习内容及要求	学时
5	疲劳驾驶预警系统检测与维修	学习内容： 1. 疲劳驾驶预警系统组成及工作原理； 2. 疲劳驾驶预警系统故障检修	8
		具体要求： 1. 掌握疲劳驾驶预警系统组成及工作原理； 2. 掌握疲劳驾驶预警系统故障检修方法	

五、教学资源与其他

序号	教学资源类别	教学资料基本信息
1	教学场所	1. 多媒体教室； 2. 校内汽车实训室； 3. 校外汽车专业实训基地
2	主要参考教材	《智能驾驶系统故障诊断维修》，机械工业出版社
3	数字化资源	智慧职教、超星平台等

六、教学方法与手段

（一）讲授法

采用讲授法介绍智能驾驶系统组成部件的工作原理、维护和检修的方法。

（二）小组讨论法

给出实训项目后，进行分组讨论，制订实施方案，方案通过后，再按制定的方案实施该项目。

（三）角色扮演法

通过扮演不同的角色，让学生体会不同角色的作为和心理状态。

七、考核与评价

（一）考核方式

（1）考核评价=过程评价 50% + 阶段评价 50%。

（2）过程评价：采用学生出勤，学生作业，课程综合考核相结合。

（3）阶段评价=项目考核 + 期末考核。

评价方式	评定项目	分数分配
平时考核	学生出勤 5%，学生作业 5%	10%
阶段性项目考核	评价学生对项目的掌握情况，每个子项目一个评价阶段，每个项目完成一套项目考核表	40%
期末考核	操作技能与知识考核相结合	50%
合　计		100%

（二）项目考核评价表

序号	工作任务	考核要求	评分标准	分数分配
1	人机交互系统检测与维修	学习态度好、回答问题正确、动手能力强、实训报告规范	满分 100 分	20%
2	AEB 系统检测与维修	学习态度好、回答问题正确、动手能力强、实训报告规范	满分 100 分	20%
3	LAK 系统检测与维修	学习态度好、回答问题正确、动手能力强、实训报告规范	满分 100 分	20%
4	APA 系统检测与维修	学习态度好、回答问题正确、动手能力强、实训报告规范	满分 100 分	20%
5	疲劳驾驶预警系统检测与维修	学习态度好、回答问题正确、动手能力强、实训报告规范	满分 100 分	20%
6	合　计			100%

八、课程训练项目设计参考方案

编号	能力训练项目名称	能力训练任务名称	拟实现的能力目标	相关支撑知识	训练方式与建议
1	人机交互系统检测与维修	人机交互系统检测与维修	能正确检测与排除人机交互系统故障	人机交互系统组成与工作原理	实训 /4 学时
2	AEB 系统检测与维修	AEB 系统检测与维修	能正确检测与排除 AEB 系统故障	AEB 系统组成与工作原理	实训 /2 学时
3	LAK 系统检测与维修	LAK 系统检测与维修	能正确检测与排除 LAK 系统故障	LAK 系统组成与工作原理	实训 /2 学时
4	APA 系统检测与维修	APA 系统检测与维修	能正确检测与排除 APA 系统故障	APA 系统组成与工作原理	实训 /2 学时
5	疲劳驾驶预警系统检测与维修	疲劳驾驶预警系统检测与维修	能正确检测与排除疲劳驾驶预警系统故障	疲劳驾驶预警系统组成与工作原理	实训 /6 学时

九、编制说明

在教学过程中，教师可以根据教学实施的实际情况，在保证教学效果的前提下，对课程内容以及学时分配进行适当的、灵活的调整。

第二十六节　“汽车钣金技术”课程教学实施细则

一、基本信息

<table>
<tr><td>课程代码</td><td colspan="2">课程名称</td><td>学　分</td><td>总学时</td><td>理论学时</td><td>实践学时</td></tr>
<tr><td>X004</td><td colspan="2">汽车钣金技术</td><td>3</td><td>48</td><td>30</td><td>18</td></tr>
<tr><td colspan="2">课程类型</td><td colspan="3">课程性质</td><td>开课部门</td><td>开课学期</td></tr>
<tr><td colspan="2">理论+实践课</td><td colspan="3">专业选修课</td><td>汽车教研室</td><td>5</td></tr>
<tr><td>前导课程</td><td colspan="2">汽车类课程</td><td rowspan="2" colspan="2">适合对象</td><td rowspan="2" colspan="2">新能源汽车技术专业</td></tr>
<tr><td>后续课程</td><td colspan="2">毕业顶岗实习</td></tr>
</table>

二、课程设计思路

按照“以能力为本位，以职业实践为主线，以项目课程为主体”的要求，以工作任务为中心构建教学内容。

工作任务选取的基本依据是“汽车钣金技术”课程涉及工作领域和工作任务范围，在具体设计过程中，以汽车常见故障为载体，使工作任务具体化，产生具体的学习任务。

在课程的设计上，注重职业道德的培养和职业素养的养成，以真实的案例为基础，设计了 5 个学习任务。

三、课程目标

（一）能力目标

（1）能熟练识别钣金修复常用的金属材料和掌握钣金构件修复的放样与下料。

（2）能熟练掌握车身维修工艺。

（3）能对汽车车身整体变形的修复。

（4）能正确使用车身涂装材料。

（5）能对汽车车身进行喷涂。

（二）知识目标

（1）钣金修复常用的金属材料的性质，钣金构件修复的放样与下料。
（2）车身维修工艺。
（3）汽车车身整体变形的修复工艺。
（4）车身涂装材料的性质及使用。
（5）汽车车身喷涂工艺。

（三）素质目标

（1）具有严谨认真、实事求是的科学态度。
（2）能自主学习新知识、新技能。
（3）具有高度的职业责任心和安全意识，遵章守纪、规范操作。

四、课程内容目标及学时安排

序号	工作任务	学习内容及要求	学时
1	钣金材料及放样下料	学习内容： 1. 钣金修复材料的性能特点及识别方法； 2. 绘制钣金构件放样图的方法； 3. 钣金修复件下料的操作流程。	8
		具体要求： 1. 绘制钣金构件的放样图； 2. 根据放样图进行下料。	
2	车身维修工艺	学习内容： 1. 氧-乙炔焊的特点及使用方法； 2. 电焊机的特点及使用方法； 3. 气体保护焊机的特点及使用方法； 4. 车身塑料件的修复流程。	10
		具体要求： 利用设备对车身塑料件修复的工艺流程	
3	汽车车身整体变形的修复	学习内容： 1. 汽车车身整体变形的诊断要领； 2. 汽车车身整体变形的测量方法； 3. 汽车车身整体变形的矫正方法。	12
		具体要求： 对车身进行整形	

续表

序号	工作任务	学习内容及要求	学时
4	汽车车身涂装	学习内容： 1. 常用涂装工具的使用方法； 2. 喷涂设备的使用方法 3. 涂装工件表面的处理方法； 4. 常用涂料的性质及特点	10
		具体要求： 掌握涂装设备的使用方法	
5	汽车车身喷涂工艺	学习内容： 1. 涂料的调配方法； 2. 车身局部涂装施工方法； 3. 涂膜病态分析及处理措施	8
		具体要求： 对车身能够进行喷涂	

五、教材编写建议

在编写教材时应充分考虑到本课程教学的特点，按任务或项目编写教材内容，教材选用应符合本实施细则的基本要求，优先选用省部级以上规划教材。

六、教学资源与其他

序号	教学资源类别	教学资料基本信息
1	教学场所	1. 多媒体教室； 2. 校内综合实训室； 3. 校内对外开放实训基地； 4. 校外实训基地
2	主要参考教材	1. 《汽车钣金教程》，机械工业出版社； 2. 《汽车钣金与涂装技术》，重庆大学出版社； 3. 《汽车钣金教程》，机械工业出版社
3	相关网站	智慧职教、超星平台等

七、教学方法与手段

（一）多媒体讲授法

（二）小组讨论法

（三）角色扮演法

八、考核与评价

（一）考核方式

（1）考核评价=过程评价 50%＋ 阶段评价 50%。

（2）过程评价：采用学生出勤，学生作业，平时测评相结合。

（3）阶段评价：期末笔试或省级以上竞赛获奖。

（二）考核评价表

评价方式	平时考核			期末考试		合计
	学生出勤	学业作业	平时测评	知识考核	技能考核	
分数分配	10%	10%	30%	30%	20%	100%

九、课程训练项目设计参考方案

编号	能力训练项目名称	能力训练任务名称	拟实现的能力目标	相关支撑知识	训练方式与建议
1	放样下料	绘制钣金构件放样图及下料	根据要求进行放样下料	1. 钣金修复材料的性能特点； 2. 绘制钣金构件放样图的方法； 3. 钣金修复下料的操作流程	实训 /6 学时
2	塑料件的修复	车身塑料件的修复	利用设备对车身塑料件进行修复	1. 氧-乙炔焊的特点和使用方法； 2. 点焊机的特点及使用方法； 3. 气体保护焊机的特点及使用方法； 4. 车身塑料件的回复流程	实训 /4 学时
3	车身修复	汽车车身整体变形的修复	利用工具对车身进行整形训练	1. 汽车车身整体变形的诊断要领； 2. 汽车车身整体变形的测量方法； 3. 汽车车身整体变形的矫正方法	实训 /4 学时
4	喷涂	汽车车身喷涂工艺	利用设备及工具对车身进行喷涂	1. 涂料的调配方法； 2. 车身局部涂装施工方法； 3. 涂膜病态分析及处理措施	实训 /4 学时

十、编制说明

在教学过程中，教师可以根据教学实施的实际情况，在保证教学效果的前提下，对课程内容以及学时分配进行适当的、灵活的调整。

第二十七节　“汽车保险与理赔”课程教学实施细则

一、基本信息

<table>
<tr><td>课程代码</td><td>课程名称</td><td>学　分</td><td>总学时</td><td>理论学时</td><td>实践学时</td></tr>
<tr><td>X005</td><td>汽车保险与理赔</td><td>3</td><td>48</td><td>30</td><td>18</td></tr>
<tr><td colspan="2">课程类型</td><td colspan="2">课程性质</td><td>开课部门</td><td>开课学期</td></tr>
<tr><td colspan="2">理论+实践课</td><td colspan="2">专业选修课</td><td>汽车教研室</td><td>5</td></tr>
<tr><td>前导课程</td><td colspan="2">汽车类课程</td><td rowspan="2">适合对象</td><td colspan="2" rowspan="2">新能源汽车技术专业</td></tr>
<tr><td>后续课程</td><td colspan="2">毕业顶岗实习</td></tr>
</table>

二、课程设计思路

本课程按照“以能力为本位，以职业实践为主线，以项目课程为主体”的要求，以工作任务为中心构建教学内容。

工作任务选取的基本依据是“汽车保险与理赔”课程涉及的工作领域和工作任务范围，在具体设计过程中，以汽车保险与理赔工作过程为载体，使工作任务具体化，产生具体的学习任务。

在课程的设计上，注重职业道德的培养和职业素养的养成，以工作过程为基础，设计了汽车保险基本知识、汽车保险险种、汽车保险投保实务、汽车保险承保实务、汽车保险理赔实务、事故车定损实务等6个学习任务。

三、课程目标

（一）能力目标

（1）能熟练进行汽车的投保和承保。

（2）能正确对事故车辆进行理赔工作。

（二）知识目标

（1）明确汽车保险与理赔的过程。
（2）掌握汽车保险投保、承保及理赔流程。
（3）掌握事故车定损。

（三）素质目标

（1）具有严谨认真、实事求是的科学态度。
（2）具有团队精神和协作精神。
（3）具有良好的心理素质和克服困难的能力。
（4）具有高度的职业责任心和安全意识，遵章守纪、规范操作。

四、课程内容及学时安排

序号	工作任务	学习内容及要求	学时
1	汽车保险基本知识	学习内容： 1. 汽车风险与风险管理； 2. 汽车保险的原则	4
		具体要求： 1. 了解汽车风险与风险管理； 2. 了解汽车保险的原则	
2	汽车保险险种	学习内容： 1. 交强险保险； 2. 车损险和附加险； 3. 第三者责任险； 4. 保险费用的计算	12
		具体要求： 1. 掌握交强险的内涵； 2. 掌握车损险和附加险内涵； 3. 掌握第三者责任险内涵； 4. 掌握保险费用的计算方法	
3	汽车保险投保实务	学习内容： 1. 车辆保险限额； 2. 计算车辆保险费	8
		具体要求： 1. 了解车辆保险限额； 2. 掌握计算车辆保险费方法	

续表

序号	工作任务	学习内容及要求	学时
4	汽车保险承保实务	学习内容： 1. 制订投保方案； 2. 签订汽车保险合同； 3. 介绍保险单证	6
		具体要求： 1. 掌握制订投保方案的方法； 2. 掌握签订汽车保险合同方法； 3. 会熟练介绍保险单证	
5	汽车保险理赔实务	学习内容： 1. 汽车保险理赔； 2. 保险诈骗的防范处理； 3. 保险事故的纠纷处理	8
		具体要求： 1. 掌握汽车保险理赔方法； 2. 掌握保险诈骗的防范处理方法； 3. 掌握保险事故的纠纷处理方法	
6	事故车定损实务	学习内容： 1. 确定事故车辆损失； 2. 计算事故车辆的维修费	10
		具体要求： 1. 掌握事故车辆损失定损方法； 2. 掌握事故车辆的维修费计算方法	

五、教学资源与其他

序号	教学资源类别	教学资料基本信息
1	教学场所	1. 多媒体教室； 2. 校内汽车实训室； 3. 校外汽车专业实训基地
2	主要参考教材	《汽车保险与理赔》，机械工业出版社
3	数字化资源	智慧职教、超星平台等

六、教学方法与手段

（一）讲授法

采用讲授法介绍汽车保险的基本知识，险种，投保、承保及理赔的流程。

（二）小组讨论法

给出实训项目后，进行分组讨论，制订实施方案，方案通过后，再按制定的方案实施该项目。

（三）角色扮演法

通过扮演不同的角色，让学生体会不同角色的作为和心理状态。

七、考核与评价

（一）考核方式

（1）考核评价=过程评价 50%＋ 阶段评价 50%。

（2）过程评价：采用学生出勤，学生作业，课程综合考核相结合。

（3）阶段评价=项目考核 ＋ 期末考核。

评价方式	评定项目	分数分配
平时考核	学生出勤 5%，学生作业 5%	10%
阶段性项目考核	评价学生对项目的掌握情况，每个子项目一个评价阶段，每个项目完成一套项目考核表	40%
期末考核	操作技能与知识考核相结合	50%
合　计		100%

（二）项目考核评价表

序号	工作任务	考核要求	评分标准	分数分配
1	汽车保险基本知识	学习态度好、回答问题正确、动手能力强、实训报告规范	满分 100 分	10%
2	汽车保险险种	学习态度好、回答问题正确、动手能力强、实训报告规范	满分 100 分	10%
3	汽车保险投保实务	学习态度好、回答问题正确、动手能力强、实训报告规范	满分 100 分	20%
4	汽车保险承保实务	学习态度好、回答问题正确、动手能力强、实训报告规范	满分 100 分	20%
5	汽车保险理赔实务	学习态度好、回答问题正确、动手能力强、实训报告规范	满分 100 分	20%
6	事故车定损实务	学习态度好、回答问题正确、动手能力强、实训报告规范	满分 100 分	20%
7	合　计			100%

八、课程训练项目设计参考方案

编号	能力训练项目名称	能力训练任务名称	拟实现的能力目标	相关支撑知识	训练方式与建议
1	汽车保险基本知识	汽车保险基本知识	掌握汽车保险基本知识	汽车保险基本知识	实训/2 学时
2	汽车保险险种	汽车保险险种	掌握汽车保险险种	汽车保险险种	实训/2 学时
3	汽车保险投保实务	汽车保险投保实务	掌握汽车保险投保流程	汽车保险投保实务	实训/2 学时
4	汽车保险承保实务	汽车保险承保实务	掌握汽车保险承保流程	汽车保险承保实务	实训/4 学时
5	汽车保险理赔实务	汽车保险理赔实务	掌握汽车保险理赔方法	汽车保险理赔实务	实训/4 学时
6	事故车定损实务	事故车定损实务	掌握事故车定损方法	事故车定损实务	实训/4 学时

九、编制说明

在教学过程中，教师可以根据教学实施的实际情况，在保证教学效果的前提下，对课程内容以及学时分配进行适当的、灵活的调整。

第二十八节 “汽车及配件营销”课程教学实施细则

一、基本信息

<table>
<tr><td>课程代码</td><td>课程名称</td><td>学 分</td><td>总学时</td><td>理论学时</td><td>实践学时</td></tr>
<tr><td>X006</td><td>汽车及配件营销</td><td>3</td><td>48</td><td>40</td><td>8</td></tr>
<tr><td colspan="2">课程类型</td><td colspan="2">课程性质</td><td>开课部门</td><td>开课学期</td></tr>
<tr><td colspan="2">理论+实践课</td><td colspan="2">专业选修课</td><td>汽车教研室</td><td>5</td></tr>
<tr><td>前导课程</td><td>汽车类课程</td><td rowspan="2">适合对象</td><td colspan="3" rowspan="2">新能源汽车技术专业</td></tr>
<tr><td>后续课程</td><td>毕业顶岗实习</td></tr>
</table>

二、课程设计思路

按照“以能力为本位，以职业实践为主线，以项目课程为主体”的要求，以工作任务为中心构建教学内容。

工作任务选取的基本依据是“汽车及配件营销”课程涉及的工作领域和工作任务范围，在具体设计过程中，以汽车配件营销过程为载体，使工作任务具体化，产生具体的学习任务。

在课程的设计上，注重职业道德的培养和职业素养的养成，以真实的案例为基础，设计了 6 个学习任务。

三、课程目标

（一）能力目标

（1）能熟练掌握汽车及配件营销的基本方法。

（2）能使用不同分析方法对汽车及配件营销各个环节进行分析。

（3）能熟练运用汽车及配件营销各个流程。

（4）能识别自主组织汽车及配件营销管理。

（二）知识目标

（1）汽车及配件的营销环境。
（2）市场调查。
（3）介绍汽车消费者市场行为模式、影响因素。
（4）汽车产品概念及其生命周期。
（5）汽车产品的定价方法和定价策略。
（6）汽车配件分销渠道的设计与管理。

（三）素质目标

（1）具有严谨认真、实事求是的科学态度。
（2）能自主学习新知识、新技能。
（3）具有高度的职业责任心和安全意识，遵章守纪、规范操作。

四、课程内容及学时安排

序号	工作任务	学习内容及要求	学时
1	汽车市场营销环境分析	学习内容： 1. 汽车及配件的营销宏观环境； 2. 汽车及配件的营销微观环境	8
		具体要求： 1. 了解汽车及配件的营销宏观环境； 2. 了解汽车及配件的营销微观环境； 3. 了解汽车及配件的营销知识	
2	汽车及配件市场调查	学习内容： 1. 市场调查的含义； 2. 市场调查的作用； 3. 市场调查的方法	8
		具体要求： 1. 了解市场调查的作用； 2. 了解人市场调查的方法	
3	汽车市场购买行为分析	学习内容： 1. 介绍汽车消费者市场行为模式、影响； 2. 汽车及配件消费者购买行为的要素； 3. 消费者购买决策过程和商业购买行为	8
		具体要求： 1. 了解汽车消费者市场行为模式、影响； 2. 了解消费者购买决策过程和商业购买行为	

续表

序号	工作任务	学习内容及要求	学时
4	汽车及配件产品策略	学习内容： 1. 汽车产品概念及其生命周期； 2. 产品组合策略、汽车新产品开发策略； 3. 汽车产品品牌策略	8
		具体要求： 1. 掌握汽车产品概念及其生命周期/注意事项/内容/特性； 2. 掌握产品组合策略、汽车新产品开发策略	
5	汽车及配件定价策略	学习内容： 1. 汽车产品价格构成、定价的影响因素； 2. 一般汽车市场定价方法和新产品的定价策略； 3. 汽车产品的定价方法和定价策略	8
		具体要求： 1. 了解汽车市场定价方法和新产品的定价策略； 2. 了解汽车产品的定价方法和定价策略	
6	汽车及配件分销、促销策略	学习内容： 1. 汽车及配件分销渠道的作用与类型； 2. 汽车及配件分销渠道的设计与管理； 3. 各种促销方式的特点	8
		具体要求： 1. 掌握汽车及配件分销渠道的设计与管理； 2. 掌握各种促销方式的特点	

五、教材编写与选用建议

教材选用应符合本实施细则的基本要求，优先选用省部级以上规划教材。

六、教学资源与其他

序号	教学资源类别	教学资料基本信息
1	教学场所	1. 多媒体教室 2. 校内实训室
2	主要参考教材	1. 主要教材：《汽车配件营销》，人民邮电出版社； 2. 参考教材：《汽车配件市场营销——高职高专规划教材》，机械工业出版社
3	数字化资源	智慧职教、超星平台等

七、教学方法与手段

（1）根据课程内容和学生特点，灵活运用案例分析、分组讨论、启发引导教学方法，引导学生积极思考、乐于实践，提高教学效果。

（2）注重学习对象与实际工作的一致性，有针对性地采用任务驱动等模式教学。

（3）在教学过程中，注意教学内容紧贴汽车及配件营销发展的最新成果，着眼学生职业生涯的发展，致力培养学生对以后工作的兴趣，积极引导学生提升自身职业素养和职业道德水平。

八、考核与评价

（一）考核方式

（1）考核评价=过程评价 40% + 阶段评价 60%。

（2）过程评价：采用学生出勤，学生作业，平时测评相结合。

（3）阶段评价：期末笔试或省级以上竞赛获奖。

（二）考核评价表

评价方式	平时考核			期末考试						合计
	学生出勤	学生作业	实训	任务 1	任务 2	任务 3	任务 4	任务 5	任务 6	
分数分配	10%	10%	20%	10%	10%	10%	10%	10%	10%	100%

九、课程训练项目设计参考方案

编号	能力训练项目名称	能力训练任务名称	拟实现的能力目标	相关支撑知识	训练方式与建议
1	市场环境分析	撰写市场环境分析报告	具有撰写市场环境分析报告的能力	市场环境分析知识	实训/2 学时
2	市场购买力分析	撰写市场购买力分析报告	具备撰写市场购买力分析报告的能力	市场购买力分析知识	实训/2 学时
3	营销策略	制订营销策略	具备制订营销策略的能力	营销策略知识	实训/2 学时

十、编制说明

在教学过程中，教师可以根据教学实施的实际情况，在保证教学效果的前提下，对课程内容以及学时分配进行适当的、灵活的调整。

第二十九节 “汽车服务工程”课程教学实施细则

一、基本信息

<table>
<tr><td>课程代码</td><td colspan="2">课程名称</td><td>学 分</td><td>总学时</td><td>理论学时</td><td>实践学时</td></tr>
<tr><td>X007</td><td colspan="2">汽车服务工程</td><td>3</td><td>48</td><td>28</td><td>20</td></tr>
<tr><td colspan="2">课程类型</td><td colspan="3">课程性质</td><td>开课部门</td><td>开课学期</td></tr>
<tr><td colspan="2">理论+实践课</td><td colspan="3">专业选修课</td><td>汽车教研室</td><td>5</td></tr>
<tr><td>前导课程</td><td colspan="2">汽车类课程</td><td colspan="2" rowspan="2">适合对象</td><td colspan="2" rowspan="2">新能源汽车技术专业</td></tr>
<tr><td>后续课程</td><td colspan="2">毕业顶岗实习</td></tr>
</table>

二、课程设计思路

本课程按照“以能力为本位，以职业实践为主线，以项目课程为主体”的要求，以工作任务为中心构建教学内容。

工作任务选取的基本依据是“汽车服务工程”课程涉及的工作领域和工作任务范围，在具体设计过程中，以汽车服务工程为载体，使工作任务具体化，产生具体的学习任务。

在课程的设计上，注重职业道德的培养和职业素养的养成，以真实的案例为基础，设计了汽车服务工程、二手车评估、汽车消费服务等 3 个学习任务。

三、课程目标

（一）能力目标

（1）具有对二手车进行评估的能力。

（2）具有汽车办证与纳税的能力。

（3）具有对汽车报废的能力。

（二）知识目标

（1）掌握对二手车进行评估的方法。

（2）掌握汽车办证与纳税的流程。

（3）掌握汽车报废流程。

（三）素质目标

（1）具有严谨认真、实事求是的科学态度（原理性课程）。
（2）能自主学习新知识、新技能。
（3）具有高度的职业责任心和安全意识，遵章守纪、规范操作（实践性课程）。

四、课程内容及学时安排

序号	工作任务	学习内容及要求	学时
1	汽车服务	学习内容： 客户服务与汽车服务	4
		具体要求： 掌握汽车服务的主要内容。	
2	二手车评估	学习内容： 1. 二手车性能检测； 2. 二手车评估； 3. 二手车置换流程	36
		具体要求： 1. 掌握二手车性能检测流程； 2. 掌握二手车评估方法； 3. 掌握二手车交易流程	
3	汽车消费服务	学习内容： 1. 汽车办证与纳税； 2. 汽车驾驶员； 3. 汽车报废流程	8
		具体要求： 1. 掌握汽车办证与纳税； 2. 掌握汽车驾驶证的考取与管理流程； 3. 掌握汽车报废流程	

五、教材编写与选用建议

教材的编写应与汽车服务实际操作业务相符合。

六、教学资源与其他

序号	教学资源类别	教学资料基本信息
1	教学场所	1. 多媒体教室； 2. 校内汽车发动机实训室； 3. 校外汽车专业实训基地
2	主要参考教材	1.《汽车服务工程》，重庆大学出版社； 2.《汽车服务工程》，北京理工大学出版社
3	数字化资源	智慧职教、超星平台等

七、教学方法与手段

（1）重视学生在校学习与实际工作的一致性，有针对性地采取工学交替、任务驱动、项目导向、课堂与实习地点一体化等行动导向的教学模式。

（2）根据课程内容和学生特点，灵活运用案例分析、分组讨论、角色扮演、启发引导教学方法，引导学生积极思考、乐于实践，提高教学效果。

（3）在教学过程中，要重视汽车新技术、新工艺的发展趋势，贴近市场，采取工学交替的教学模式，着眼学生职业生涯的发展，致力培养学生对工作的兴趣，积极引导学生提升自身职业素养和职业道德水平。

八、考核与评价

（一）考核方式

（1）考核评价=平时考核 50% +期末考核 50%。

（2）平时考核：采用学生出勤，学生作业相结合。

评价方式	平时考核		期末考试	合计
	学生出勤	学生作业		
分数分配	10%	40%	50%	100%

（二）项目考核评价表

序号	工作任务	考核要求	评分标准	分数分配
1	二手车性能检测	学习态度好、回答问题正确、动手能力强、实训报告规范	满分 100 分	40%
2	二手车评估计算	学习态度好、回答问题正确、动手能力强、评估报告规范	满分 100 分	60%
	合　计			100%

九、课程训练项目设计参考方案

编号	能力训练项目名称	能力训练任务名称	拟实现的能力目标	相关支撑知识	训练方式与建议
1	二手车性能检测	汽车静态检查	掌握汽车静态检查步骤	汽车结构及工作原理	实训/6 学时
		汽车动态检查	掌握汽车动态检查步骤	汽车结构及工作原理	实训/6 学时
2	二手车评估计算	二手车评估的方法的选用	掌握二手车评估方法的选用	二手车评估方法基本方法	实训/4 学时
		二手车成新率的确定	掌握二手车成新率的确定方法	二手车成新率定方法	实训/4 学时

十、编制说明

在教学过程中，教师可以根据教学实施的实际情况，在保证教学效果的前提下，对课程内容以及学时分配进行适当的、灵活的调整。

第三十节 “汽车公估”课程教学实施细则

一、基本信息

<table>
<tr><td>课程代码</td><td>课程名称</td><td>学 分</td><td>总学时</td><td>理论学时</td><td>实践学时</td></tr>
<tr><td>X008</td><td>汽车公估</td><td>3</td><td>48</td><td>28</td><td>20</td></tr>
<tr><td colspan="2">课程类型</td><td colspan="2">课程性质</td><td>开课部门</td><td>开课学期</td></tr>
<tr><td colspan="2">理论+实践课</td><td colspan="2">专业选修课</td><td>汽车教研室</td><td>5</td></tr>
<tr><td>前导课程</td><td>汽车类课程</td><td colspan="2" rowspan="2">适合对象</td><td colspan="2" rowspan="2">新能源汽车技术专业</td></tr>
<tr><td>后续课程</td><td>毕业顶岗实习</td></tr>
</table>

二、课程设计思路

按照“以能力为本位，以职业实践为主线，以项目课程为主体”的要求，以工作任务为中心构建教学内容。

工作任务选取的基本依据是“汽车公估”课程涉及的工作领域和工作任务范围，在具体设计过程中，以汽车公估工作过程载体，使工作任务具体化，产生具体的学习任务。

在课程的设计上，注重职业道德的培养和职业素养的养成，以真实的案例为基础，设计了 3 个学习任务。

三、课程目标

（一）能力目标

（1）能对事故车进行查勘。
（2）能对事故车进行定损。
（3）能按流程进行理赔。

（二）知识目标

（1）掌握汽车事故车查勘方法。
（2）掌握事故车定损方法。

（3）掌握事故车理赔方法。

（三）素质目标

（1）具有严谨认真、实事求是的科学态度。
（2）能自主学习新知识、新技能。
（3）具有高度的职业责任心和安全意识，遵章守纪、规范操作。

四、课程内容目标及学时安排

序号	工作任务	学习内容及要求	学时
1	查勘与车损评估基础知识	学习内容： 1. 了解对查勘与车损评估人员的素质要求； 2. 熟悉查勘与车损评估的常用设备； 3. 掌握查勘与车损评估岗位职责； 4. 了解查勘与车损评估道德问题及防范方法	6
		具体要求： 掌握查勘与车损评估的常用设备	
2	汽车事故现场查勘	学习内容： 1. 了解交通事故现场的定义和事故现场的分类； 2. 掌握事故现场查勘的定义和要求，了解其意义和目的； 3. 熟悉车辆碰撞现场基本查勘流程和工作内容； 4. 掌握现场照相、现场调查取证以及询问当事人的方法和技巧	26
		具体要求： 能够对车辆碰撞、水灾、火灾、盗抢现场进行正确地施救、查勘和调查取证	
3	事故车辆损伤评估实务	学习内容： 1. 了解事故维修与正常维修的区别； 2. 了解事故车辆定损的技术依据和原则； 3. 掌握维修方式的选择和维修费用的确定方法； 4. 了解定损核价典型问题的解决方法； 5. 理解事故车辆的修复价值、增补定损、修复车辆复检的相关内容； 6. 掌握车损报告编制的内容和注意问题	16
		具体要求： 对机械零件、钣金件、塑料件进行正确定损，并填写修换清单	

五、教材编写建议

在编写教材时，应充分考虑到本课程教学的特点，按任务或项目编写教材内容，教材选用应符合本实施细则的基本要求，优先选用省部级以上规划教材。

六、教学资源与其他

序号	教学资源类别	教学资料基本信息
1	教学场所	1. 多媒体教室； 2. 汽车实训室
2	主要参考教材	1.《汽车公估与实务》，人民邮电出版社； 2.《汽车公估》，人民邮电出版社； 3.《汽车公估案例分析》，电子出版社
3	相关网站	智慧职教、超星平台等

七、教学方法与手段

（一）多媒体讲授法

（二）小组讨论法

（三）角色扮演法

八、考核与评价

（一）考核方式

（1）考核评价=过程评价 50%＋ 阶段评价 50%。

（2）过程评价：采用学生出勤，学生作业，平时测评相结合。

（3）阶段评价：期末笔试或省级以上竞赛获奖。

（二）考核评价表

评价方式	平时考核			期末考试			合计
	学生出勤	学生作业	平时测评	任务 1	任务 2	任务 3	
分数分配	10%	10%	30%	10%	25%	15%	100%

九、课程训练项目设计参考方案

编号	能力训练项目名称	能力训练任务名称	拟实现的能力目标	相关支撑知识	训练方式与建议
1	汽车事故现场查勘	汽车事故现场查勘	能进行汽车事故现场查勘	汽车事故现场查勘方法	实训/12 学时
2	事故车辆损伤评估实务	事故车辆损伤评估实务	能进行事故车辆损伤评估	事故车辆损伤评估实务方法	实训/8 学时

十、编制说明

在教学过程中，教师可以根据教学实施的实际情况，在保证教学效果的前提下，对课程内容以及学时分配进行适当的、灵活的调整。

第三十一节 “工业企业管理”课程教学实施细则

一、基本信息

<table>
<tr><td colspan="2">课程代码</td><td colspan="2">课程名称</td><td>学 分</td><td>总学时</td><td>理论学时</td><td>实践学时</td></tr>
<tr><td colspan="2">X009</td><td colspan="2">工业企业管理</td><td>3</td><td>48</td><td>38</td><td>10</td></tr>
<tr><td colspan="3">课程类型</td><td colspan="3">课程性质</td><td>开课部门</td><td>开课学期</td></tr>
<tr><td colspan="3">理论+实践课</td><td colspan="3">专业选修课</td><td>汽车教研室</td><td>5</td></tr>
<tr><td>前导课程</td><td colspan="2">汽车类课程</td><td colspan="3" rowspan="2">适合对象</td><td colspan="2" rowspan="2">新能源汽车技术专业</td></tr>
<tr><td>后续课程</td><td colspan="2">毕业顶岗实习</td></tr>
</table>

二、课程设计思路

按照“以能力为本位，以职业实践为主线，以项目课程为主体”的要求，以工作任务为中心构建教学内容。

工作任务选取的基本依据是“工业企业管理”课程涉及的工作领域和工作任务范围，在具体设计过程中，以工业企业管理为载体，使工作任务具体化，产生具体的学习任务。

在课程的设计上，注重职业道德的培养和职业素养的养成，以真实的案例为基础，设计了 8 个学习任务。

三、课程目标

（一）能力目标

（1）初步学习工业企业管理的基本方法。
（2）能使用不同分析方法对工业企业管理进行分析。
（3）能熟练分析工业企业管理的流程。

（二）知识目标

（1）了解工业企业管理的法律法规。
（2）了解工业企业管理的相关流程。
（3）熟悉工业企业管理的主要业务环节。

（三）素质目标

（1）具有严谨认真、实事求是的科学态度。
（2）能自主学习新知识，新技能。
（3）具有高度的职业责任心和安全意识，遵章守纪、规范操作。

四、课程内容及学时安排

序号	工作任务	学习内容及要求	学时
1	企业经营组织管理	学习内容： 1. 企业经营； 2. 企业组织； 3. 企业经营/组织管理	4
		具体要求： 1. 了解企业经营内容； 2. 了解企业组织结构； 3. 了解企业经营/组织管理知识	
2	人力资源管理	学习内容： 1. 人力资源管理结构； 2. 人力资源管理原理； 3. 人力资源管理方法	4
		具体要求： 1. 了解人力资源管理原则； 2. 了解人力资源管理方法	
3	企业战略管理	学习内容： 1. 企业战略管理结构； 2. 企业战略管理原理； 3. 企业战略管理方法	4
		具体要求： 1. 了解企业战略管理细则； 2. 了解企业战略管理/工作流程	
4	市场调查	学习内容： 1. 市场调查内容； 2. 市场调查方法	4
		具体要求： 1. 掌握市场调查注意事项/内容/特性； 2. 掌握市场调查分析方法	
5	财务管理	学习内容： 1. 汽财务管理工作的模式； 2. 财务管理的流程	6
		具体要求： 1. 了解财务管理的流程； 2. 了解财务管理方法	

续表

序号	工作任务	学习内容及要求	学时
6	文化管理	学习内容： 1. 文化管理的模式； 2. 文化管理的流程	8
		具体要求： 1. 掌握文化管理的模式； 2. 掌握文化管理的流程	
7	市场营销	学习内容： 1. 市场营销工作的模式； 2. 市场营销的流程	8
		具体要求： 1. 掌握汽市场营销的流程； 2. 掌握市场营销方法	
8	职业生涯	学习内容： 1. 职业生涯的模式； 2. 职业生涯的设计	10
		具体要求： 1. 掌握职业生涯的模式； 2. 掌握职业生涯的设计	

五、教材编写与选用建议

教材选用应符合本实施细则的基本要求，优先选用省部级以上规划教材。

六、教学资源与其他

序号	教学资源类别	教学资料基本信息
1	教学场所	1. 多媒体教室； 2. 校内实训室
2	主要参考教材	1. 主要教材：《高等教育工商企业管理课程规划教材》，大连理工大学出版社出版； 2.参考教材：《企业管理》，机械工业出版社
3	数字化资源	智慧职教、超星平台等

七、教学方法与手段

（1）根据课程内容和学生特点，灵活运用案例分析、分组讨论、启发引导教学方法，引导学生积极思考、乐于实践，提高教学效果。

（2）注重学习对象与实际工作的一致性，有针对性地采用任务驱动等教学模式

（3）在教学过程中，注意教学内容紧贴工业企业管理发展的最新成果，着眼学生职业生涯的发展，致力培养学生对以后工作的兴趣，积极引导学生提升自身职业素养和职业道德水平。

八、考核与评价

（一）考核方式

（1）考核评价=过程评价 40% + 阶段评价 60%。

（2）过程评价：采用学生出勤，学生作业，平时测评相结合。

（3）阶段评价：期末笔试或省级以上竞赛获奖。

（二）考核评价表

评价方式	评时考核			期末考试								竞赛	合计
	学生出勤	学生作业	实训	任务 1	任务 2	任务 3	任务 4	任务 5	任务 6	任务 7	任务 8		
分数分配	10%	10%	15%	10%	10%	10%	10%	10%	5%	5%	5%		100%

九、课程训练项目设计参考方案

编号	能力训练项目名称	能力训练任务名称	拟实现的能力目标	相关支撑知识	训练方式与建议
1	市场	进行市场调查	具备市场调查能力	市场调查知识	实训/6 学时
2	营销	设计营销方案	具备营销能力	营销知识	实训/2 学时
3	招聘	设计招聘方案	具备招聘能力	招聘知识	实训/2 学时

十、编制说明

在教学过程中，教师可以根据教学实施的实际情况，在保证教学效果的前提下，对课程内容以及学时分配进行适当的、灵活的调整。

第三十二节 “汽车美容与实务”课程教学实施细则

一、基本信息

<table>
<tr><td>课程代码</td><td>课程名称</td><td>学 分</td><td>总学时</td><td>理论学时</td><td>实践学时</td></tr>
<tr><td>X010</td><td>汽车美容与实务</td><td>3</td><td>48</td><td>28</td><td>20</td></tr>
<tr><td colspan="2">课程类型</td><td colspan="2">课程性质</td><td>开课部门</td><td>开课学期</td></tr>
<tr><td colspan="2">理论+实践课</td><td colspan="2">专业选修课</td><td>汽车教研室</td><td>5</td></tr>
<tr><td>前导课程</td><td>汽车类课程</td><td colspan="2" rowspan="2">适合对象</td><td colspan="2" rowspan="2">新能源汽车技术专业</td></tr>
<tr><td>后续课程</td><td>毕业顶岗实习</td></tr>
</table>

二、课程设计思路

按照“以能力为本位，以职业实践为主线，以项目课程为主体”的要求，以工作任务为中心构建教学内容。

工作任务选取的基本依据是“汽车美容与实务”课程涉及的工作领域和工作任务范围，在具体设计过程中，以汽车美容工作过程为载体，使工作任务具体化，产生具体的学习任务。

在课程的设计上，注重职业道德的培养和职业素养的养成，以工作过程为基础，设计了汽车清洗耗材及工具、汽车的清洗、汽车漆面的护理、汽车漆面的修补、汽车的外部装饰等 5 个学习任务。

三、课程目标

（一）能力目标

（1）能正确清洗汽车。

（2）能正确修复汽车损伤的漆面。

（3）能正确进行汽车外部的装饰。

（二）知识目标

（1）明确美容的耗材及工具的使用方法。

（2）掌握汽车清洗的流程。

（3）掌握汽车漆面的修复及汽车外部装饰方法。

（三）素质目标

（1）具有严谨认真、实事求是的科学态度。

（2）具有团队精神和协作精神。

（3）具有良好的心理素质和克服困难的能力。

（4）具有高度的职业责任心和安全意识，遵章守纪、规范操作。

四、课程内容

课程模块名称	学时
汽车清洗耗材及工具	4
汽车的清洗	6
汽车漆面的护理	12
汽车漆面的修补	12
汽车的外部装饰	14

五、教学资源与其他

序号	教学资源类别	教学资料基本信息
1	教学场所	1. 多媒体教室； 2. 校内汽车实训室； 3. 校外汽车专业实训基地
2	主要参考教材	《汽车保险与理赔》，机械工业出版社
3	数字化资源	智慧职教、超星平台等

六、教学方法与手段

（一）讲授法

采用讲授法介绍汽车美容的基本知识。

（二）小组讨论法

给出实训项目后，进行分组讨论，制订实施方案，方案通过后，再按制定的方案实施该项目。

（三）角色扮演法

通过扮演不同的角色，让学生体会不同角色的作为和心理状态。

七、考核与评价

（一）考核方式

（1）考核评价=过程评价 50% + 阶段评价 50%。
（2）过程评价：采用学生出勤，学生作业，课程综合考核相结合。
（3）阶段评价=项目考核 + 期末考核。

评价方式	评定项目	分数分配
平时考核	学生出勤 5%，学生作业 5%	10%
阶段性项目考核	评价学生对项目的掌握情况。每个子项目一个评价阶段，每个项目完成一套项目考核表	40%
期末考核	操作技能与知识考核相结合	50%
合　计		100%

（二）项目考核评价表

序号	工作任务	考核要求	评分标准	分数分配
1	汽车清洗耗材及工具	学习态度好、回答问题正确、动手能力强、实训报告规范	满分 100 分	20%
2	汽车的清洗	学习态度好、回答问题正确、动手能力强、实训报告规范	满分 100 分	20%

续表

序号	工作任务	考核要求	评分标准	分数分配
3	汽车漆面的护理	学习态度好、回答问题正确、动手能力强、实训报告规范	满分 100 分	20%
4	汽车漆面的修补	学习态度好、回答问题正确、动手能力强、实训报告规范	满分 100 分	20%
5	汽车的外部装饰	学习态度好、回答问题正确、动手能力强、实训报告规范	满分 100 分	20%
6	合　计			100%

八、课程训练项目设计参考方案

编号	能力训练项目名称	能力训练任务名称	拟实现的能力目标	相关支撑知识	训练方式与建议
1	汽车清洗耗材及工具	汽车清洗耗材及工具	掌握汽车清洗耗材及工具的使用方法	汽车清洗耗材及工具使用方法	实训/2 学时
2	汽车的清洗	汽车的清洗	能正确进行汽车的清洗	汽车的清洗方法	实训/4 学时
3	汽车漆面的护理	汽车漆面的护理	能正确进行汽车漆面的护理	汽车漆面的护理方法	实训/4 学时
4	汽车漆面的修补	汽车漆面的修补	能正确进行汽车漆面的修补	汽车漆面的修补方法	实训/4 学时
5	汽车的外部装饰	汽车的外部装饰	能正确进行汽车的外部装饰	汽车的外部装饰方法	实训/6 学时

九、编制说明

在教学过程中，教师可以根据教学实施的实际情况，在保证教学效果的前提下，对课程内容以及学时分配进行适当的、灵活的调整。

参考文献

[1] 陈祥明，杨圣春. 新能源新技术与人才培养[M]. 合肥：合肥工业大学出版社，2013.

[2] 中国汽车技术研究中心有限公司. 2019中国新能源汽车电驱动产业发展报告[M]. 北京：社会科学文献出版社，2019.

[3] 吴基安，吴洋. 新能源汽车知识读本[M]. 北京：人民邮电出版社，2011.

[4] 银石立方科技有限公司. 新能源汽车概论[M]. 北京：人民交通出版社，2016.

[5] 张金柱. 新能源汽车技术[M]. 北京：机械工业出版社，2014.

[6] 赵振宇，王慧怡. 新能源汽车技术[M]. 北京：人民交通出版社，2013.

[7] 王刚. 新能源汽车[M]. 北京：清华大学出版社，2015.

[8] 崔胜民. 新能源汽车技术解析[M]. 北京：机械工业出版社，2016.

[9] 黄艳芳. 职业教育课程与教学论[M]. 北京：北京师范大学出版社，2010.

[10] 赵志群. 职业教育：工学结合一体化课程开发指南[M].北京：清华大学出版社，2009.